***ACCESO GRATIS** a la Lectura en la Nube*

Para visualizar el libro electrónico en la nube de lectura envíe junto a su nombre y apellidos una fotografía del código de barras situado en la contraportada del libro y otra del ticket de compra a la dirección:

ebooktirant@tirant.com

En un máximo de 72 horas laborales le enviaremos el código de acceso con sus instrucciones.

LOS MATRIMONIOS INTERNACIONALES EN ESPAÑA
2ª EDICIÓN

Procedimiento de selección de originales, ver página web:
www.tirant.net/index.php/editorial/procedimiento-de-seleccion-de-originales

LOS MATRIMONIOS INTERNACIONALES EN ESPAÑA

2ª EDICIÓN

Alfonso Ortega Giménez

tirant lo blanch
Valencia, 2024

En caso de erratas y actualizaciones, la Editorial Tirant lo Blanch publicará la pertinente corrección en la página web www.tirant.com.

Directora de colección
Carolina del Carmen Castillo Martínez

EDITA: TIRANT LO BLANCH
C/ Artes Gráficas, 14 - 46010 - Valencia
TELFS.: 96/361 00 48 - 50
FAX: 96/369 41 51
Email: tlb@tirant.com
www.tirant.com
Librería virtual: www.tirant.es
DEPÓSITO LEGAL: V-3838-2024
ISBN: 978-84-1071-978-1
MAQUETA: Dissset Ediciones

Si tiene alguna queja o sugerencia, envíenos un mail a: *atencioncliente@tirant.com*. En caso de no ser atendida su sugerencia, por favor, lea en *www.tirant.net/index.php/empresa/politicas-de-empresa* nuestro procedimiento de quejas.

Responsabilidad Social Corporativa: http://www.tirant.net/Docs/RSCTirant.pdf

ÍNDICE

Nota sobre el autor

ALFONSO ORTEGA GIMÉNEZ es **Doctor Honoris Causa** por la Universidad de San Lorenzo (UNISAL), 2024. **Doctor Honoris Causa** por la Universidad Autónoma San Sebastián de San Lorenzo-UASS, 2022; **Doctor Honoris Causa** por el Instituto Interamericano de Investigación y Docencia en Derechos Humanos, en la Universidad Juárez Autónoma de Tabasco (México), 2021; **Doctor en Derecho**, 2014 (Calificación: Sobresaliente *Cum Laude* por unanimidad); Premio extraordinario de Doctorado, 2018; Licenciado en Derecho, 2000; y, **Master en Comercio Internacional** por la Universidad de Alicante, 2001.

Profesor Titular de Derecho internacional privado en la Universidad Miguel Hernández de Elche. Director del Observatorio Provincial de la Inmigración de Alicante. Vicedecano de Grado en Derecho de la Facultad de Ciencias Sociales y Jurídicas de Elche. Director del Máster Universitario en Abogacía de la Universidad Miguel Hernández (UMH) de Elche, desde el curso académico 2021/2022. **Director de la Cátedra de Relaciones Privadas Internacionales UMH-ICAO de la Universidad Miguel Hernández de Elche**, desde marzo de 2022. También es **Magistrado Suplente de la Audiencia Provincial de Castellón** desde 2022; **Académico de Honor de la Academia Internacional de Ciencias, Tecnología, Educación y Humanidades**, desde 2018; **Vocal del Observatorio Valenciano de la Inmigración** (Resolución de 09 de abril de 2010, del Presidente del Observatorio Valenciano de la Inmigración, Conseller de Solidaritat y Ciudadania de la Generalitat Valenciana); **Docente homologado, con carácter definitivo, por ICEX España Exportación e Inversiones**, en Madrid (España), a fecha 29 de mayo de 2024; y, **Profesor en el Programa de Doctorado en Creación Artística de la Universidad Miguel Hernández de Elche**, impartido en la Facultad de Bellas Artes de Altea, desde el año 2024.

Es Consultor de Derecho internacional privado de la Universitat Oberta de Catalunya (UOC), desde el segundo semestre del curso académico 2008/2009, y **Consejero académico del despacho de Abogados ARA Y ASOCIADOS, con sede principal en Alicante y oficinas en Murcia, Madrid y Beijing (China) y de la Asesoría GRUPO ASESOR ROS, con sede en Elche**.

Tiene **reconocidos por la CNEAI tres Sexenios de Investigación correspondientes al tramo 2002-2007 (Fecha concesión: 23/10/19), al tramo 2009-2017 (Fecha concesión: 21/06/18), al tramo 2018-2023 (Fecha concesión: 09/05/2024)** y al **tramo 2018-2023 (Fecha concesión: 9/05/24)**. Reconocido también, en su día, un Sexenio de Investigación correspondiente al tramo 2010-2016 por la AVAP (Fecha concesión: 18/01/18).

Miembro de la Asociación para la Docencia e Innovación en Derecho (Ludoteca Jurídica), desde julio de 2021. Miembro de la Asociación de Política Exterior Española. Miembro de la Asociación de Derecho del Arte (ADA). Miembro de Número del Capítulo Reino de España, otorgado por la Academia Norte-Americana de Literatura Moderna Internacional y por la Junta Directiva del Estado de New Jersey (EE.UU.). Miembro del ELI (*European Law Institute*). Miembro de la Red Española de Política Social-REPS. Miembro de la Sociedad Latinoamericana de Derecho Internacional-SLADI. Miembro de la Asociación Americana de Derecho Internacional Privado-ASADIP. Miembro de número de la Asociación Española de Profesores de Derecho Internacional y Relaciones Internacionales-AEPDIRI; Miembro de la Asociación Española para el Fomento de la Seguridad de la Información-ISMS Forum Spain; Ha sido Vicepresidente de la Asociación del Master en Comercio Internacional de la Universidad de Alicante-AMCI hasta julio 2018; Miembro de la Asociación Española para el Estudio del Derecho Europeo-AEDEUR; Miembro de la Asociación Castellano-Manchega de Sociología-ACMS. Miembro de la Asociación Española de Derecho del Entretenimiento- DENAE. Miembro del Instituto de Derecho Iberoamericano-IDIBE.

Ha recibido numerosos premios en docencia e investigación: Visitante ilustre por su honorable visita de impacto previsto en la comunidad de la Universidad de San Lorenzo (UNISAL), en Paraguay, a 21 de junio de 2024. Mención de reconocimiento DOCENTE DESTACADO por su loable, abnegada e inspiradora trayectoria como docente en Educación Superior trascendiendo en su andar como ejemplo de calidad educativa, en la Universidad de San Lorenzo (UNISAL)- Paraguay, a 19 de junio de 2024. Premio UMH al Talento Docente para el año 2023, dentro de la rama académica de CIENCIAS SOCIALES, JURIDICAS Y HUMANIDADES por Resolución Rectoral N°. 03610/2023, de fecha 04 de diciembre de 2023, según las bases para la concesión de los Premios al Talento Docente en el marco del Programa Docentia-UMH, aprobadas por Consejo de Gobierno de la Universidad Miguel Hernández de Elche en sesión de 25 de enero de 2023, en Elche, a 4 de diciembre de 2023. Certificado de calidad docente EXCELENTE, valoración final obtenida en el proceso de evaluación de las actividades docentes desarrolladas en el periodo curso inicial 2018/2019 – curso final 2021/2022, realizado de acuerdo con los criterios y procedimientos establecidos en el PROGAMA DOCENTIA-UMH, evaluado positivamente por la ANECA, con fecha 27 de febrero de 2013, en la Universidad Miguel Hernández de Elche, a 30 de noviembre de 2023. Visitante Ilustre de la Universidad San Lorenzo (UNISAL), otorgado por el Consejo Académico mediante Resolución N.° 110/2022-CSU, en Paraguay, a 5 de diciembre de 2022. Premio "INSTITUTO VASCO DE DERECHO PROCESAL" de Artículos Doctrinales sobre el fomento del estudio del Derecho Procesal, en su XII Edición por el trabajo inédito titulado "Resolución de problemas de competencia judicial internacional y de determinación de la ley aplicable en materia de derechos reales en España", en San Sebastián (País Vasco), 11 de octubre de 2022. Premio en la convocatoria de "Premios UMH al Talento Docente" para el año 2021, dentro de la rama académica de Ciencias Sociales, Jurídicas y Humanidades, por Resolución Rectoral n° 04858/21, de fecha 23 de noviembre de 2021, en el marco del PROGRAMA DOCENTIA-UMH, aprobadas por el Consejo de Gobierno de la Universidad Miguel Hernández de Elche, en sesión de 14 de diciembre de 2020, en Elche, a 02 de diciembre de 2021. Ganador ex-aequo en la categoría "Aula responde" del XVIII del Certamen Innova-Emprende de la Universidad Miguel Hernández de Elche, en Elche, a 1 de julio de 2021. Premio en el I Certamen de Artículos Jurídicos Breves del Derecho del Entretenimiento y Tecnologías de la información, organizado por la Asociación Española de Derecho del Entretenimiento –DENAE-, por el artículo "Los "contratos inteligentes" (Smart Contracts) ni son "contratos" ni son "inteligentes", en Madrid, a 24 de junio de 2020. Premio "Instituto Vasco de Derecho Procesal" en su IX Edición, por el trabajo "La alegación y prueba del Derecho extranjero tras la nueva Ley de Cooperación Jurídica Internacional", en Donostia – San Sebastián, a 29 de noviembre de 2019. Cruz al Mérito, en virtud de su destacada y meritoria labor académica y científica profesional, acordado por la Junta de Gobierno de la Academia Internacional de Ciencias, Tecnología, Educación y Humanidades, en Valencia, a 9 de noviembre de 2019. Reconocimiento al Mérito Universitario, en virtud de su destacada y meritoria labor académica y científica profesional, acordado por la Junta de Gobierno de la Academia Internacional de Ciencias, Tecnología, Educación y Humanidades, en Valencia, a 9 de noviembre de 2019. Premio a la excelencia en la práctica jurídica de Economist & Jurist, en Madrid, 3 de diciembre de 2018. Premio UMH 2018 a la Productividad Investigadora, otorgado por el Vicerrector de Investigación e Innovación de la Universidad Miguel Hernández de Elche. Premio UMH 2017 a la Productividad Investigadora, otorgado por el Consejo de Gobierno de la Universidad Miguel Hernández de Elche. Premio "Investigación" en la modalidad de "Jóvenes Investigadores" 2017. Premio UMH al Talento Docente 2017. Premio "Investigación" en la modalidad de "Jóvenes Investigadores" 2016. Premio UMH 2016 a la Productividad Investigadora. Premio a la excelencia en la Práctica Jurídica de ISDE 2016. Premio Joven Investigador por el Consejo Social de la Universidad Miguel Hernández de Elche (XII edición). Premio al profesional de Comercio exterior del año 2016, otorgado por la

Asociación Española de Profesionales de Comercio Exterior a las empresas (ACOCEX) y BANKIA. Premio "INSTITUTO VASCO DE DERECHO PROCESAL" en su V Edición (Premio de Artículos Doctrinales sobre el fomento del estudio del Derecho Procesal), en el año 2015. Premio UMH 2015 a la productividad investigadora. Premio UMH 2014 a la productividad investigadora. Premio Santander al mejor Ensayo Corto convocado por la Red Cátedra Santander de Responsabilidad Social Corporativa (Convocatoria 2015). Primer accésit de la XII edición del Premio de Ensayo Breve de la Asociación Castellano-Manchega de Sociología "Fermín Caballero"; V Premio Jurídico Internacional Instituto Superior de Derecho y Economía (ISDE); Accésit en la categoría de "Investigación" de la XVIII edición de los "Premios de Protección de Datos 2014" de la Agencia Española de Protección de Datos. Búho de oro al mejor profesor del Curso 2013/2014 de la Escuela Superior de Marketing (ESUMA). Premio UMH al Talento Docente, años 2014, 2017 y 2019.

Ponente habitual en numerosos cursos organizados en España y en el extranjero en materia de Derecho internacional privado, Derecho de la nacionalidad, Derecho de extranjería, Derecho del comercio internacional, Contratación internacional y Protección de datos de carácter personal, entre otros. Ha dirigido infinidad de TFG y TFM y cuatro Tesis doctorales.

Autor de diferentes artículos, notas, recensiones y comentarios relacionados con dichas materias publicados en Revistas científicas, técnicas y de divulgación, españolas y extranjeras; **ha participado, como autor, coautor, director y/o coordinador en más de 250 libros.**

Presentación

El derecho a contraer matrimonio es un derecho inherente a la autonomía personal, que se presenta como una manifestación fundamental de la autonomía del que debe gozar todo ser humano. La autonomía privada de los intereses perseguidos por los contrayentes se manifiesta en la elección del tipo de matrimonio que quieren celebrar, ya sea civil o religioso y en España o en el extranjero. Este límite a la vida privada y familiar se enmarca en el ámbito del artículo 16 de la Declaración Universal de Derechos y en el artículo 32 de la CE.

Los matrimonios internacionales sólo pueden celebrarse en España si se trata de un supuesto suficientemente vinculado con nuestro país. El objetivo de este trabajo es analizar los requisitos para que un matrimonio internacional sea válidamente celebrado y, todo aquel que allá sido válidamente celebrado, produzca efectos civiles en España (**PARTE I**).

Un fenómeno muy común en los países sometidos a fuerte inmigración y que tiene bastante importancia en España es el problema de los denominados matrimonios de conveniencia. Mediante este tipo de enlaces no se busca en realidad contraer matrimonio entre un nacional y un extranjero, asumir los derechos y las obligaciones que derivan del matrimonio, fundar una familia basada en el matrimonio, sino que se pretende, bajo el ropaje de esta institución y, generalmente previo precio, que un extranjero se aproveche de las ventajas del matrimonio a los efectos de regularizar su estancia en el país o de obtener de forma más fácil la nacionalidad del que aparecerá "formalmente" como su cónyuge. Al fin y al cabo, uno de los objetivos que se persiguen con un matrimonio de conveniencia es obtener los derechos propios del estado de casado sin las obligaciones que de esto deriva (por ejemplo, una pensión de viudedad tras la muerte del cónyuge o el arrendamiento de una vivienda). También existen beneficios en materia de Derecho de la nacionalidad o de la extranjería, como aquél en el que un español contrae matrimonio con un extranjero con el fin de que dicho extranjero pueda obtener una autorización para residir en España o para conseguir la nacionalidad española, sin que ninguno de los cónyuges pretenda llevar a cabo un proyecto de vida en común. Por lo tanto, son una forma de fraude a las normas españolas de Extranjería y Nacionalidad (**PARTE II**).

El interés del tema viene motivado por la gran cantidad de matrimonios mixtos que se vienen celebrando en España, en los últimos años. Entre los meses de enero y junio de 2020 (últimos datos disponibles), el 21,5% de los matrimonios registrados en España fueron mixtos, es decir, entre un cónyuge español y otro extranjero. En el 83% de los matrimonios en los que intervino un extranjero en ese periodo de tiempo de 2020, su cónyuge era español.

Sólo en el año 2019 (últimos datos disponibles) se declaró la nulidad matrimonial de 75 matrimonios. En este sentido, también la denegó, para el mismo año, en torno a más de 350 solicitudes que autorizaban para la celebración de matrimonio civil, en los que al menos un cónyuge era extranjero. La Dirección General del Registro y del Notariado (hoy Dirección General de Seguridad Jurídica y Fe Pública) revisó más de 283 expedientes recurridos por parejas a las que no se les permitió inscribir su boda celebrada en el extranjero o que no obtuvieron autorización para casarse al constatarse "datos objetivos" que apuntaban a "la ausencia de consentimiento matrimonial", rechazaban casos que se entendían que eran "matrimonios simulados", con los que se buscaba, fundamentalmente, acelerar la adquisición de la nacionalidad española, obtener un permiso de residencia o lograr la reagrupación familiar.

Partiendo del estudio acerca del auge de los matrimonios de conveniencia, debemos concretar los requisitos para que un matrimonio sea válido en España, qué se entiende por "matrimonio de conveniencia", para así, poder detenernos en el examen de los indicios de todo "matrimonio de conveniencia", las posibles formas de combatirlos (en el Derecho español y en Derecho comparado), así como el control registral y judicial de la validez de estos matrimonios; finalmente, se hace hincapié en los efectos de estos matrimonios.

Finalmente, nos ocuparemos de las crisis matrimoniales internacionales (**PARTE III**). La reglamentación de las "crisis matrimoniales internacionales" en Derecho internacional privado es "complicada" porque existen diferencias muy pronunciadas entre los distintos Derechos estatales a la hora de regularlas. Las respuestas de un sistema jurídico a las crisis matrimoniales reflejan las concepciones morales, jurídicas y éticas acerca del individuo y la familia, en un momento dado. Así, p. ej., en ciertos países, hasta hacia bien poco, el divorcio no se admitía (Malta); en algunos no existe la separación judicial pero sí el divorcio (Alemania, Suecia, Finlandia, Marruecos); en otros el divorcio es unilateral y sólo lo puede solicitar el esposo (ciertos países musulmanes, que admiten el repudio); en otros países el divorcio procede sólo por declaración judicial (España, Francia) mientras que en otros países cabe un divorcio ante autoridad administrativa, –alcaldes–, (Japón), autoridad religiosa, –rabinos–, (Israel), o fedatario público –notarios– (Cuba), o cabe un divorcio por mero acuerdo privado entre los cónyuges sin intervención de autoridad ninguna (Tailandia). Y, en la **PARTE IV**, de las cuestiones relacionadas con la prestación de alimentos entre parientes. Lo cierto y verdad es que nos encontramos ante un tema que, en los últimos años, ha cobrado una actualidad manifiesta, como consecuencia del creciente carácter multicultural de nuestra sociedad derivado del proceso globalizador. El incremento de matrimonios entre cónyuges de diferente nacionalidad, ha causado un incremento directamente proporcional del volumen de estas reclamaciones de pensiones compensatorias en las que se presenta algún elemento internacional[1].

Así, el objetivo de este trabajo es reflexionar, desde una perspectiva práctica, y desde la óptica del Derecho internacional privado español, acerca de *Los matrimonios internacionales en España*, con el fin de facilitar la comprensión, en estos casos, de la cada vez más compleja trama normativa del Derecho internacional privado español.

1 *Vid.*, en sentido amplio, M. Aguilar Benítez de Lugo/H. Aguilar Grieder, "Alimentos y orden público (I)", BIMJ, núm. 2011, 15 abril 2006, pp. 1561-1593.

Parte I

Celebración y efectos del matrimonio internacional en España

1. PLANTEAMIENTO: CARACTERÍSTICAS PRINCIPALES DE LOS MATRIMONIOS INTERNACIONALES EN ESPAÑA[2]

El derecho a contraer matrimonio es un derecho fundamental, tal y como se consagra en los artículos 16 de la DUDH; 23 del PDCyP; 12 del CEDH y 9 de la Carta de Derechos Fundamentales de la UE. En este sentido "ha de tenerse presente que existe una presunción general de buena fe y de que el *ius nubendi* es un derecho fundamental de la persona, reconocido a nivel internacional y constitucional, de modo que la convicción de la simulación y del consiguiente fraude ha de inequívoca. Cualquier limitación del *ius nubendi* ha de fundarse en la certeza racional absoluta del obstáculo o impedimento legal que vicie de nulidad el matrimonio pretendido. A no ser que exista una certeza racional absoluta de dicho obstáculo, ha de ser preferible, aun en casos de duda, no poner trabas a la eficacia del enlace"[3].

---

2 *Vid.*, en sentido amplio, ÁLVAREZ RODRÍGUEZ, Aurelia y HEREDIA SÁNCHEZ, Lerdys Saray, "Celebración y efectos del matrimonio", en ORTEGA GIMÉNEZ, Alfonso (Dir.), *Derecho internacional privado. Materiales para su estudio*, SEPIN, Madrid, 2023, pp. 173-192.

3 *Vid. RDGRN de 20 de octubre de 2005.* La misma tesis se mantiene en la *SAPr Madrid (Sección 11ª) de 28 de septiembre de 2021*, al señalar que por estar en juego *ius connubi* (= artículo 32 CE) debe denegarse la inscripción del matrimonio únicamente cuando el Encargado del Registro Civil alcance una certeza plena de hallarse ante la presencia de un matrimonio simulado.

La evolución del ordenamiento español ha sido una constante desde la entrada en vigor de la CE (artículos 10.1, 14, 16 y 32). Dichos preceptos se han desarrollado desde el año 1981 hasta la entrada en vigor, el 30 de abril de 2021, de la Ley 20/2011, del Registro Civil[4]. Se han consolidado las parejas de hecho y los matrimonios del mismo sexo y el fenómeno migratorio ha modulado, de alguna manera obstaculizando la validez del matrimonio por la sospecha de la existencia de los matrimonios de conveniencia.

Por "celebración del matrimonio" debe entenderse la prestación del consentimiento matrimonial de los contrayentes. El matrimonio sólo puede celebrarse si al menos uno de los contrayentes tiene su domicilio en España (artículo 57.I del CC). Varios aspectos deben destacarse:

a) Para determinar si alguno de los contrayentes tiene su domicilio en España, debe recurrirse al concepto de "domicilio" propio del Derecho Privado español (artículo 40 del CC), que equivale a "residencia habitual".

b) Si ninguno de los contrayentes tiene domicilio en España, no existe funcionario español competente para celebrar el matrimonio. Y si se celebra, el matrimonio es nulo.

c) Si ninguno de los contrayentes extranjeros está domiciliado en España, no es posible una "delegación" del Cónsul de España acreditado en el extranjero en favor de un juez español para que éste pueda celebrar el matrimonio (RDGRN[5] de 4 de mayo de 1988, Con. DGRN 2 junio 2005). Ello es así porque el Cónsul no puede delegar su competencia, ya

---

4 *Vid.* ÁLVAREZ RODRÍGUEZ, Aurelia. "Matrimonio en el Derecho Internacional Privado español", Cuadernos de Derecho Migratorio (http://www.migrarconderechos.es/mastertable/cuadernos_de_extranjeria/Matrimonio_DIPr).

5 Cuando hablamos de la Dirección General de los Registros y del Notariado (DGRN), nos referimos hoy a la Dirección General de Seguridad Jurídica y Fe Pública (DGSJyFP).

que es, sencillamente, incompetente, pues ninguno de los contrayentes es español.

d) Es competente para celebrar el matrimonio civil en España (artículo 51.2 del CC): (a) El Juez de Paz o Alcalde del municipio donde se celebre el matrimonio o concejal en quien éste delegue; (b) El Secretario judicial libremente elegido por los contrayentes que sea competente en el lugar de celebración; (c) El Notario libremente elegido por ambos contrayentes que sea competente en el lugar de celebración. Estas autoridades deben comprobar que al menos uno de los contrayentes tiene su domicilio en España (artículo 57 CC) [6].

2. CELEBRACIÓN E INSCRIPCIÓN DE UN MATRIMONIO INTERNACIONAL EN ESPAÑA

2.1. Validez de un matrimonio internacional en España

En los casos internacionales, para que el matrimonio sea válido, y en su caso, inscribible en el Registro Civil español, deben concurrir diversos requisitos legales. Ahora bien, dos extremos deben dejarse claros[7].

---

6 Instrucción DGSJyFP de 3 de junio de 2021, sobre la tramitación del procedimiento de autorización de matrimonio ante notarios (BOE, núm. 133, de 4 de junio de 2021 (*Vid.* FERNÁNDEZ-TRESGUERRES, Ana, “Aspectos internacionales del matrimonio ante notario”, en *Revistas.eleconomista.es,* 15 de septiembre de 2022).

7 *Vid.* FERNÁNDEZ-TRESGUERRES, A., “Aspectos internacionales del matrimonio ante notario”, *Revistas.eleconomista.es,* 15 de septiembre de 2022 (https://revistas.eleconomista.es/buen-gobierno/2022/septiembre/aspectos-internacionales-del-matrimonio-ante-notario-IE12075805).

1º) *No existe una Lex Matrimonii.* En Derecho internacional privado español no existe una única ley aplicable a todos los requisitos del matrimonio (*Lex Matrimonii*)[8]).

Contamos con normas de conflicto que determinan por separado las siguientes cuestiones: a) La Ley aplicable a la capacidad matrimonial (artículo 9.1 del CC: inciso relativo a la Ley reguladora de la "*capacidad*"); b) La Ley aplicable al consentimiento matrimonial (artículo 9.1 del CC: inciso relativo a la Ley reguladora del "*estado civil*"); c) La Ley aplicable a la forma de celebración del matrimonio (artículos 49 y 50 del CC).

2º) *Inscripción registral del matrimonio como condición de validez.* El artículo 61 del CC no es aplicable si la forma de celebración del matrimonio queda sujeta a un Derecho extranjero. Ello significa que la exigencia o falta de exigencia de inscripción registral del matrimonio para la validez formal del mismo es una cuestión que se rige por la Ley reguladora de la forma del matrimonio y no necesariamente por la Ley sustantiva española.

Normativa de referencia

DERECHO APICABLE A LA CELEBRACIÓN DEL MATRIMONIO	
Ley aplicable a la capacidad nupcial (artículo 9.1.I del CC)	*Ley personal de cada contrayente*
Ley aplicable al consentimiento matrimonial (artículo 9.1.I del CC)	*Ley personal de cada contrayente*

[8] SAP Málaga 14 septiembre 2015 [matrimonio de conveniencia], RDGRN 7 junio 2007.

Ley aplicable a la forma de celebración del matrimonio (artículos 49 y 50 del CC)	**1) Matrimonio celebrado en España entre español y extranjero (artículo 49 del CC)** *(1)–Formas de celebración del matrimonio (civiles y religiosas) previstas en la Ley española*
	2) Matrimonio celebrado en España entre extranjeros (artículo 50 del CC) *(1) Formas de celebración del matrimonio (civil y religiosa) previstas en la Ley española.* *(2) Formas de celebración del matrimonio civiles (matrimonio consular) y religiosas previstas en la Ley nacional de cada cónyuge.*
	3) Matrimonio celebrado en el extranjero entre españoles o entre español y extranjero (artículo 49 del CC) *a) Formas de celebración del matrimonio (civil y religiosa) previstas en la Ley del país de celebración del matrimonio.* *b) Formas de celebración civil del matrimonio prevista en la Ley española (matrimonio ante cónsul español acreditado en el extranjero)* *c) Forma canónica de celebración del matrimonio.*
	4) Matrimonio celebrado en el extranjero entre cónyuges extranjeros (artículos 49, 50 y 11 del CC por analogía) *a) Formas de celebración del matrimonio (civil y religiosa) previstas en la Ley del país de celebración del matrimonio.* *b) Formas de celebración del matrimonio civiles y religiosas previstas en la Ley nacional de cada cónyuge.*

Existe también la posibilidad de ir a un matrimonio celebrado ante Cónsul español. Para que el matrimonio celebrado ante Cónsul español acreditado en el extranjero sea válido en España, se exigen los siguientes requisitos:

1°) Al menos uno de los contrayentes debe estar domiciliado en la circunscripción consular correspondiente (artículos 51. 3. ° y 57 del CC).

2º) Al menos uno de los contrayentes debe ser ciudadano de nacionalidad española.

3º) El Estado receptor del Cónsul español no debe oponerse a que éste celebre matrimonios en su territorio (artículo 5.f del Convenio Viena relaciones consulares de 24 abril 1963). Algunos Estados prohíben de manera radical que los Cónsules autoricen y celebren matrimonios en su territorio (Austria, Dinamarca, Reino Unido, Suiza, Uruguay, Venezuela y Guatemala). Otros Estados permiten el ejercicio de dichas funciones, pero no autorizan la celebración de matrimonios consulares en su territorio si uno de los contrayentes es nacional del Estado receptor[9].

4º) En todo caso, los Cónsules españoles no pueden celebrar matrimonios en sus Consulados o Embajadas si se oponen a ello "las Leyes y reglamentos del Estado receptor" (artículo 5.f del Conv. Viena 1963). Ha de tenerse en cuenta que los Cónsules españoles no pueden autorizar y celebrar matrimonios entre españoles del mismo sexo si el Derecho del Estado receptor, incluidas sus normas de Derecho internacional privado, se opone a ello[10].

---

9 *Vid.* DGRN 25 octubre 2005 [matrimonio ante Cónsul español en la República Dominicana entre personas mismo sexo, uno español y el otro dominicano]).

10 A este respecto la Resolución-Circular DGRN de 29 de julio de 2005 dispone que: "Finalmente, y como consecuencia de la misma limitación impuesta por el artículo 5, f) del Convenio de Viena de 24 de abril de 1963 sobre Relaciones Consulares que impide, como se ha dicho, que las funciones consulares se ejerzan en oposición a las leyes y reglamentos del Estado receptor, lo que sujeta a las Representaciones Consulares españolas en el extranjero a un deber de respeto y no vulneración del Ordenamiento jurídico del país de acogida, los Cónsules españoles deben abstenerse, por falta de competencia, de autorizar matrimonios entre personas del mismo sexo en caso de que a ello se opongan las leyes del Estado receptor. No obstante, los inconvenientes derivados de las limitaciones competenciales de los Cónsules españoles en el extranjero pueden obviarse mediante el mecanismo de la delegación que permite el artículo 57 n. º 2 del Código civil. Así se deduce de la doctrina de esta Dirección General de los Registros y del Notariado al estimar que

2.2. Inscripción del matrimonio en el Registro Civil

A) Matrimonio celebrado ante autoridad española.

1°) *Matrimonio celebrado ante autoridad civil española (artículo del 62.1 del CC), o en forma religiosa canónica, hebraica o evangélica (artículo 63 del CC)*[11].. En estos casos, se presenta en el Registro Civil la certificación religiosa o civil de la celebración y el matrimonio se inscribe inmediatamente. No hay control de legalidad por parte del Encargado del Registro Civil español. Esta regla tiene una clara explicación: en el expediente matrimonial civil, el instructor del mismo habrá controlado la capacidad nupcial de los contrayentes y la legalidad del enlace.

En el caso del matrimonio canónico, aunque no haya habido expediente matrimonial civil, habrá habido expediente matrimonial canónico y en todo caso, "*la inscripción del matrimonio canónico en el Registro Civil se practicará con la simple presentación de certificación eclesiástica de la existencia del matrimonio*" (artículo VI Acuerdo Estado español–Santa Sede sobre asuntos jurídicos 1979)[12].

---

en los casos en que el Encargado del Registro Consular español no esté facultado, por oponerse a ello las leyes del país receptor, para autorizar un matrimonio entre un nacional de dicho país y un español, sí tiene competencia para instruir, como Encargado del Registro civil del domicilio del promotor (cfr. artículo 238 RRC), el expediente previo para la celebración del matrimonio, de tal modo que la prestación del consentimiento, por delegación del instructor, se realice ante el Encargado en España de otro Registro Civil -aplicando las previsiones de los artículos 57, II, C.c. y 250 RRC (*Vid.* Resoluciones DGRN de 15 de septiembre de 1995 y 10-4.ª de julio de 2002 e Instrucción n.° 304 de 28 de agosto de 1990 de la Dirección General de Asuntos Consulares)".

11 *Vid.* Orden JUS/577/2016, sobre inscripción en el Registro Civil de determinados matrimonios celebrados en forma religiosa y aprobación del modelo de certificado de capacidad matrimonial y de celebración de matrimonio religioso (BOE, núm. 97, de 22 de abril de 2016).

12 *Vid.* MARTÍNEZ RUBIO, A. *Matrimonio canónico y Registro Civil. Doctrina de la Dirección General de Seguridad Jurídica y Fe Pública,* Editorial Comares, Granada, 2022.

En el caso de matrimonios canónicos celebrados en España rige el artículo 63.II del CC, que indica que se denegará la práctica del asiento cuando de los documentos presentados o de los asientos del Registro conste que el matrimonio no reúne los requisitos de su validez. Con ello se evita el acceso al Registro de los matrimonios nulos por falta de consentimiento matrimonial (RDGRN [74ª] de 12 de mayo de 2014 [matrimonio canónico celebrado en España], RDGRN [2ª] de 6 marzo de 2015 [matrimonio canónico celebrado en España entre contrayente indio y español]).

2º) *Matrimonio celebrado en España en forma islámica.* En este caso, visto que puede no haberse tramitado un previo expediente matrimonial ante autoridades civiles españolas, el encargado del Registro Civil debe proceder a controlar la entera "legalidad del matrimonio" y la realidad del matrimonio con arreglo al artículo 65 del CC.

B) Matrimonio celebrado ante autoridad civil extranjera o ante autoridad religiosa no canónica en el extranjero.

En este caso, el matrimonio se ha celebrado ante autoridad extranjera y su legalidad ha sido controlada por la autoridad extranjera que autoriza y celebra el enlace. Existe, por tanto, una "resolución extranjera" que da fe de la celebración del matrimonio y de su legalidad. Por ello, el acceso de este matrimonio al Registro Civil español suscita una cuestión de eficacia extraterritorial de resoluciones registrales extranjeras[13].

La inscripción del matrimonio se practicará mediante presentación de la certificación expedida por la Autoridad extranjera o por la Confesión Religiosa de que se trate, si bien no se procede a una inscripción inmediata o automática de la certi-

13 *Vid.* Instrucción DGRN de 31 de enero de 2006 sobre los matrimonios de complacencia.

ficación. Es preciso que dicha certificación supere un control de legalidad de acuerdo con lo regulado en el artículo 65 del CC.[14]; el Encargado del Registro Civil debe realizar un "control" de estos extremos[15].

3. EFECTOS ECONÓMICOS DEL MATRIMONIO

El Reglamento (UE) 2016/1103, de 24 de junio de 2016 por el que se establece una cooperación reforzada en el ámbito de la competencia, la ley aplicable, el reconocimiento y ejecución de resoluciones en materia de regímenes económicos matrimoniales[16]., se aplica desde el día 29 de enero de 2019, para los 18 Estados que participan en la cooperación reforzada (Decisión 2016/954). Para su puesta en marcha se han habilitado los formularios previstos en el Reglamento 2018/1990.

3.1. Reglas de competencia judicial internacional:

- **Competencia en caso de fallecimiento de uno de los cónyuges:** Cuando un órgano jurisdiccional de un Estado miembro conozca de la sucesión de uno de los cónyuges en aplicación del Reglamento (UE) núm. 650/2012, los órganos jurisdiccionales de dicho Estado serán competentes para

---

14 RDGRN [3ª] de 7 de mayo 2007.

15 *Vid.* ÁLVAREZ RODRÍGUEZ, A. "Matrimonio en el Derecho Internacional Privado español", *Cuadernos de Derecho Migratorio* (http://www.migrarconderechos.es/mastertable/cuadernos_de_extranjeria/Matrimonio_DIPr).

16 DOUE L, núm. 183, de 8 de julio de 2016; *Vid.* JIMÉNEZ BLANCO, Pilar, Regímenes económicos matrimoniales transfronterizos. Un estudio del Reglamento (UE) nº 2016/1103, Editorial Tirant lo Blanch, Valencia, marzo 2021; QUINZÁ REDONDO, Pablo, "La unificación-fragmentada del Derecho Internacional Privado de la Unión Europea en materia de régimen económico matrimonial: el Reglamento 2016/1103", en *Revista General de Derecho Europeo*, núm. 41 (2017).

resolver sobre el régimen económico matrimonial en conexión con esa sucesión.

- **Competencia en caso de divorcio, separación judicial o nulidad del matrimonio.** Cuando se interponga ante un órgano jurisdiccional de un Estado miembro una demanda de divorcio, separación judicial o anulación del matrimonio en virtud del Reglamento Europeo Bruselas II ter, los órganos jurisdiccionales de dicho Estado miembro serán competentes para resolver sobre el régimen económico matrimonial que surja en conexión con dicha demanda.

- **Competencia en otros casos:** Cuando ningún órgano jurisdiccional de un Estado miembro sea competente con arreglo a los artículos 4 o 5 o en otros casos distintos de los previstos en estos artículos, serán competentes para resolver sobre el régimen económico matrimonial los órganos jurisdiccionales del Estado miembro:

  a) En cuyo territorio tengan los cónyuges su residencia habitual en el momento de la interposición de la demanda ante el órgano jurisdiccional, o, en su defecto,

  b) En cuyo territorio **hayan tenido los cónyuges su última residencia habitual, siempre que uno de ellos aún resida allí en el momento de la interposición** de la demanda ante el órgano jurisdiccional, o, en su defecto,

  c) En cuyo territorio **tenga el demandado su residencia habitual en el momento de la interposición de** la demanda ante el órgano jurisdiccional, o, en su defecto,

  d) **De la nacionalidad común de los cónyuges en el momento** de la interposición de la demanda ante el órgano jurisdiccional.

- **Sumisión expresa. Elección del órgano jurisdiccional:** Expresa. En los casos contemplados en el artículo 6 (no siendo cuestiones sucesorias o relativas a crisis matrimoniales) las Partes podrán acordar que los órganos jurisdiccionales del

Estado miembro cuya ley sea aplicable en virtud del artículo 22 o del artículo 26, apartado 1, letras a) o b), o los órganos jurisdiccionales del Estado miembro de la celebración del matrimonio tengan competencia exclusiva para resolver sobre las cuestiones relativas al régimen económico matrimonial. Requisitos: El acuerdo al que se refiere el apartado 1 deberá expresarse por escrito, fechado y firmado por las partes. Se considerará escrito toda comunicación efectuada por medios electrónicos que proporcione un registro duradero del acuerdo.

- **Sumisión tácita: Competencia basada en la comparecencia del demandado:** Aparte de la competencia derivada de otras disposiciones del presente Reglamento, será competente el órgano jurisdiccional del Estado miembro cuya ley sea aplicable en virtud del artículo 22 o del artículo 26, apartado 1, letras a) o b), y ante el que comparezca el demandado. Esta regla no será de aplicación si la comparecencia tuviere por objeto impugnar la competencia, ni en los casos regulados por el artículo 4 o el artículo 5, apartado 1

- **Otros supuestos:**

Competencia alternativa. Con carácter excepcional, si un órgano jurisdiccional del Estado miembro competente en virtud de los artículos 4, 5, 6, 7 u 8 considera que en su Derecho internacional privado no está reconocido el matrimonio en cuestión a efectos del procedimiento sobre el régimen económico matrimonial, podrá inhibirse. Si el órgano jurisdiccional decide inhibirse, lo hará sin dilación indebida.

Si el órgano jurisdiccional competente en virtud de los artículos 4 o 6 se inhibiera y las partes acordaran atribuir la competencia a los órganos jurisdiccionales de cualquier otro Estado miembro de conformidad con el artículo 7, la competencia para resolver sobre el régimen económico matrimonial recaerá en los órganos jurisdiccionales de ese Estado miembro.

En los demás casos, la competencia para resolver sobre el régimen económico matrimonial recaerá en los órganos jurisdiccionales de cualquier otro Estado miembro en virtud de los artículos 6 u 8, o en los órganos jurisdiccionales del Estado miembro de la celebración del matrimonio.

Competencia subsidiaria. Cuando ningún órgano jurisdiccional de un Estado miembro sea competente en virtud de los artículos 4, 5, 6, 7 u 8, o cuando todos los órganos jurisdiccionales se hayan inhibido con arreglo al artículo 9 y ningún órgano jurisdiccional de un Estado miembro sea competente con arreglo al artículo 9, apartado 2, los órganos jurisdiccionales de un Estado miembro serán competentes en la medida en que un bien inmueble de uno o ambos cónyuges se encuentre en el territorio de dicho Estado miembro, en cuyo caso el órgano jurisdiccional que conozca del asunto solo será competente para resolver sobre el bien inmueble de que se trata.

Fórum necessitatis. Cuando ningún órgano jurisdiccional de un Estado miembro sea competente con arreglo a los artículos 4, 5, 6, 7, 8 o 10, o cuando todos los órganos jurisdiccionales se hayan inhibido con arreglo al artículo 9, y ningún órgano jurisdiccional de un Estado miembro sea competente en virtud del artículo 9, apartado 2, o del artículo 10, los órganos jurisdiccionales de un Estado miembro, con carácter excepcional, podrán resolver sobre el régimen económico matrimonial si el proceso no pudiere incoarse o desarrollarse razonablemente o si resultare imposible en un tercer Estado con el cual el asunto tuviese una conexión estrecha. El asunto deberá tener una conexión suficiente con el Estado miembro del órgano jurisdiccional que vaya a conocer de él.

- **Determinación de la ley aplicable al régimen económico matrimonial**

Se aplicará el Reglamento (UE) 2016/1103. A tener en cuenta:

Aplicación universal. La ley que se determine aplicable en virtud del presente Reglamento se aplicará, aunque no sea la de un Estado miembro (artículo 20).

Unidad de la ley aplicable. La ley aplicable al régimen económico matrimonial en virtud de los artículos 22 ó 26 se aplicará a todos los bienes incluidos en dicho régimen, con independencia de donde los bienes estén situados.

Elección de la ley aplicable: Los cónyuges o futuros cónyuges podrán designar o cambiar de común acuerdo la ley aplicable a su régimen económico matrimonial, siempre que se trate de una de las siguientes leyes: a) la ley del Estado en el que los cónyuges o futuros cónyuges, o uno de ellos, tengan su residencia habitual en el momento de la celebración del acuerdo, o b) la ley del Estado de la nacionalidad de cualquiera de los cónyuges o futuros cónyuges en el momento en que se celebre el acuerdo. 2. Salvo acuerdo en contrario de los cónyuges, todo cambio de la ley aplicable al régimen económico matrimonial efectuado durante el matrimonio solo surtirá efectos en el futuro. 3. Ningún cambio retroactivo de la ley aplicable efectuado en virtud del apartado 2 afectará negativamente a los derechos de terceros derivados de dicha ley (artículo 22).

Validez formal del acuerdo de elección de la ley aplicable: se expresará por escrito, fechado y firmado por ambos cónyuges. Se considerará como escrito toda comunicación efectuada por medios electrónicos que proporcione un registro duradero del acuerdo. Y si la ley del Estado miembro en el que ambos cónyuges tengan su residencia habitual en el momento de la celebración del acuerdo establece requisitos formales adicionales para las capitulaciones matrimoniales, dichos requisitos serán de aplicación.

Consentimiento y validez material del acuerdo: La existencia y la validez de un acuerdo sobre la elección de la ley o de sus disposiciones se determinarán con arreglo a la ley que sería aplicable en virtud del artículo 22 si el acuerdo o la disposición fueran válidos. No obstante, un cónyuge, para establecer que no ha dado su consentimiento, podrá invocar la ley del país donde tenga su residencia habitual en el momento de sustanciar el asunto ante el órgano jurisdiccional si de las circunstancias resulta que no sería razonable determinar el efecto de su conducta de conformidad con la ley especificada en el apartado 1.

Validez formal de las capitulaciones matrimoniales: Las capitulaciones matrimoniales se expresarán por escrito, fechado y firmado por ambos cónyuges. Se considerará como escrito toda comunicación efectuada por medios electrónicos que proporcione un registro duradero del acuerdo. Si la ley del Estado miembro en el que ambos cónyuges tengan su residencia habitual en el momento de la celebración de las capitulaciones establece requisitos formales adicionales para las capitulaciones matrimoniales, dichos requisitos serán de aplicación. Si los cónyuges tienen su residencia habitual en distintos Estados miembros en el momento de la celebración de las capitulaciones y las leyes de ambos Estados disponen requisitos formales diferentes para las capitulaciones matrimoniales, el acuerdo será formalmente válido si cumple los requisitos de una de las dos leyes. Si en la fecha de celebración de las capitulaciones, solo uno de los cónyuges tiene su residencia habitual en un Estado miembro y la ley de ese Estado establece requisitos formales adicionales para las capitulaciones matrimoniales, dichos requisitos serán de aplicación. Si la ley aplicable al régimen económico matrimonial impone requisitos formales adicionales, dichos requisitos serán de aplicación.

Ley aplicable en defecto de elección por las partes: En defecto de un acuerdo de elección con arreglo a lo dispuesto en el artículo 22, la ley aplicable al régimen económico matrimonial será la ley del Estado:

a) de la primera residencia habitual común de los cónyuges tras la celebración del matrimonio, o, en su defecto,

b) de la nacionalidad común de los cónyuges en el momento de la celebración del matrimonio, o, en su defecto,

c) con la que ambos cónyuges tengan la conexión más estrecha en el momento de la celebración del matrimonio, teniendo en cuenta todas las circunstancias.

Si los cónyuges tienen más de una nacionalidad común en el momento de la celebración del matrimonio, solo se aplicarán las letras a) y c) del apartado 1.

A modo de excepción y a instancia de cualquiera de los cónyuges, la autoridad judicial que tenga competencia para resolver sobre el régimen económico matrimonial podrá decidir que la ley de un Estado distinto del Estado cuya ley sea aplicable en virtud del apartado 1, letra a), regirá el régimen económico matrimonial si el demandante demuestra que:

- los cónyuges tuvieron su última residencia habitual común en ese otro Estado durante un período de tiempo considerablemente más largo que en el Estado designado en virtud del apartado 1, letra a), y
- ambos cónyuges se basaron en la ley de ese otro Estado para organizar o planificar sus relaciones patrimoniales.

La ley de ese otro Estado solo se aplicará desde la celebración del matrimonio, a menos que uno de los cónyuges no esté de acuerdo. En este último caso, la ley de ese otro Estado surtirá efecto a partir del establecimiento de la última residencia habitual común en dicho Estado.

La aplicación de la ley de ese otro Estado no afectará negativamente a los derechos de terceros derivados de la ley aplicable en virtud del apartado 1, letra a).

El presente apartado no se aplicará cuando los cónyuges hayan celebrado capitulaciones matrimoniales con anterioridad al establecimiento de su última residencia habitual común en ese otro Estado.

Cuestiones relevantes

Ámbito de aplicación de la ley aplicable: La ley aplicable al régimen económico matrimonial con arreglo al presente Reglamento regulará, entre otras cosas:

- La clasificación de los bienes de uno o ambos cónyuges en diferentes categorías durante la vigencia y después del matrimonio;
- La transferencia de bienes de una categoría a otra;
- La responsabilidad de uno de los cónyuges por las obligaciones y deudas del otro cónyuge;
- Las facultades, derechos y obligaciones de cualquiera de los cónyuges o de ambos con respecto al patrimonio;
- La disolución del régimen económico matrimonial y el reparto, la distribución o la liquidación del patrimonio;
- Los efectos patrimoniales del régimen económico matrimonial sobre la relación jurídica entre uno de los cónyuges y un tercero, y
- La validez material de las capitulaciones matrimoniales.

Cuestiones relevantes

Leyes de policía: Las disposiciones del presente Reglamento no restringirán la aplicación de las leyes de policía de la ley del foro.

Las leyes de policía son disposiciones cuya observancia considera esencial un Estado miembro para salvaguardar sus intereses públicos, tales como su organización política, social o económica, hasta el punto de ser aplicables a toda situación que entre dentro de su ámbito de aplicación, cualquiera que sea la ley aplicable al régimen económico matrimonial en virtud del presente Reglamento.

Orden público: La aplicación de una disposición de la ley de cualquier Estado determinada por el presente Reglamento solo podrá ser rehusada si dicha aplicación es manifiestamente incompatible con el orden público del foro.

Problemas de aplicación:

a. Estados con diversos regímenes jurídicos — Conflictos territoriales de leyes: En el caso de que la ley determinada por el presente Reglamento sea la de un Estado que comprenda varias unidades territoriales con sus propias normas jurídicas en materia de régimen económico matrimonial, las normas internas en materia de conflicto de leyes de dicho Estado determinarán la unidad territorial pertinente cuyas normas jurídicas serán de aplicación. En defecto de tales normas internas en materia de conflicto de leyes:

- Toda referencia a la ley del Estado mencionada en el apartado 1 se entenderá, a efectos de determinar la ley aplicable con arreglo a las disposiciones relativas a la residencia habitual de los cónyuges, como una referencia a la ley de la unidad territorial en la que los cónyuges tengan su residencia habitual;
- Toda referencia a la ley del Estado mencionada en el apartado 1 se entenderá, a efectos de determinar la ley aplicable con arreglo a las disposiciones relativas a la nacionalidad de los cónyuges, como una referencia a la ley de la unidad territorial con la que los cónyuges tengan una conexión más estrecha;
- Toda referencia a la ley del Estado mencionada en el apartado 1 se entenderá, a efectos de determinar la ley aplicable con arreglo a cualesquiera otras disposiciones relativas a otros elementos que sean puntos de conexión, como una referencia a la ley de la unidad territorial en la que esté ubicado el elemento pertinente.

b. Estados con diversos regímenes jurídicos — Conflictos interpersonales de leyes: Cuando un Estado tenga dos o más regímenes jurídicos o conjuntos de normas aplicables a diferentes categorías de personas en materia de regímenes económicos matrimoniales, cualquier referencia a la ley de dicho Estado se entenderá como una referencia al régimen jurídico o al conjunto de normas determinado por las normas vigentes en tal Estado. En defecto de tales normas, se aplicará el régimen jurídico o el conjunto de normas con el que los cónyuges tengan una conexión más estrecha.

c. No aplicación del presente Reglamento a los conflictos internos de leyes: Los Estados miembros que comprendan varias unidades territoriales con sus propias normas en materia de regímenes económicos matrimoniales no estarán obligados a aplicar el presente Reglamento a los conflictos de leyes que se planteen entre dichas unidades territoriales exclusivamente.

3.3. Reconocimiento, fuerza ejecutiva y ejecución de resoluciones judiciales en materia matrimonial

De acuerdo con lo establecido en el Reglamento (UE) 1103/2016. **Reconocimiento.** Las resoluciones dictadas en un Estado miembro serán reconocidas en los demás Estados miembros sin necesidad de seguir procedimiento alguno. Cualquier parte interesada que invoque el reconocimiento de una resolución a título principal en un litigio podrá solicitar, de conformidad con los procedimientos previstos en los artículos 44 a 57, que se reconozca la resolución. Si el resultado del procedimiento ante un órgano jurisdiccional de un Estado miembro dependiere de la resolución de una cuestión incidental sobre el reconocimiento, dicho órgano jurisdiccional será competente para conocer de la misma.

Motivos de denegación del reconocimiento: Se denegará el reconocimiento de una resolución:

a) Si el reconocimiento fuere manifiestamente contrario al orden del Estado miembro en que se solicita;

b) Cuando la resolución se haya dictado en rebeldía del demandado, si no se le hubiere notificado la demanda o documento equivalente con tiempo suficiente y de forma tal que le permitiera preparar su defensa, salvo que el demandado no hubiera recurrido contra dicha resolución cuando hubiera podido hacerlo;

c) Si la resolución fuere inconciliable con una resolución dictada en un procedimiento entre las mismas partes en el Estado miembro en el que se solicita el reconocimiento;

d) Si la resolución fuere inconciliable con una resolución dictada con anterioridad en un litigio, en otro Estado miembro o en un tercer Estado, con el mismo objeto y entre las mismas partes, cuando esta última resolución reúna las condiciones necesarias para su reconocimiento en el Estado miembro en el que se solicita el reconocimiento (artículo 37). Si no resulta de aplicación del R europeo antes mencionado, se deberá atender al régimen de fuentes del Derecho internacional privado español: Convenios internacionales de los que España sea parte y en su defecto régimen autónomo, de acuerdo con la Ley 29/2015, mediante exequátur.

Jurisprudencia relevante

Sentencia de la Audiencia Provincial de Valencia de fecha de 22 de marzo de 2023, núm. 186/2023, Nº Rec. 416/2022

Sentencia del Tribunal de Justicia de Madrid de fecha de 29 de diciembre de 2021, núm. 620/2021

Sentencia del Juzgado de Primera Instancia de Pamplona de fecha 18 de julio de 2020, núm. 154/2020, Nº Rec. 393/2020

Sentencia de la Audiencia Provincial de Barcelona de fecha de 5 de julio de 2023, núm. 397/2023, Nº Rec. 24/2023

Sentencia de la Audiencia Provincial de Santa Cruz de Tenerife de 13 de mayo de 2022, núm. 134/2022, Nº 314/2021

Sentencia de la Audiencia Provincial de Burgos de fecha 22 de abril de 2022, núm. 129/2022, Nº 108/2022

Parte II

El derecho a contraer matrimonio y a formar una familia y los matrimonios de conveniencia en España

1. PLANTEAMIENTO: EL AUGE DE LOS MATRIMONIOS DE CONVENIENCIA[17]

Un fenómeno muy común en los países sometidos a fuerte inmigración y que comienza a tener bastante importancia en España, –que ha pasado de ser un país de emigración al extranjero, a ser un país receptor de ciudadanos que llegan de otros países para vivir aquí–, es el problema de los denominados "matrimonios de conveniencia".

Mediante este tipo de enlaces, no se busca en realidad contraer matrimonio entre un nacional y un extranjero, asumir los derechos y las obligaciones que derivan del matrimonio, fundar una familia basada en el matrimonio, sino que se pretende, bajo el ropaje de esta institución y, generalmente previo precio, que un extranjero se aproveche de las ventajas del matrimonio a los efectos de regularizar su estancia en el país o de obtener de forma más fácil la nacionalidad del que aparecerá formalmente como su cónyuge.

Como señalan CALVO CARAVACA y CARRASCOSA GONZÁLEZ, "el verdadero objetivo de estos 'matrimonios' es obtener determinados

---

17 *Vid.*, en sentido amplio, ORTEGA GIMÉNEZ, Alfonso, *Los "matrimonios de conveniencia" en España, Práctica doctrinal, jurisprudencial y registral,* Editorial Thomson Reuters Aranzadi, Cizur Menor (Navarra), 2022.

'beneficios' en materia de nacionalidad y extranjería (=adquisición veloz y privilegiada de la nacionalidad española, obtención de un permiso de residencia en España, reagrupamiento familiar, etc.)"[18]. En este sentido, los jueces creen que mediante tales enlaces no se busca en realidad contraer matrimonio entre un nacional y un extranjero, sino que se pretende y, generalmente previo precio, que un extranjero se aproveche de las ventajas de la apariencia matrimonial para facilitar la entrada o regulación en territorio nacional u obtener con facilidad la nacionalidad del contrayente.

Al fin y al cabo, uno de los objetivos que se persiguen con un matrimonio por conveniencia es obtener los derechos propios del estado de casado sin las obligaciones que de esto deriva. Por ejemplo, una pensión de viudedad tras la muerte del cónyuge, o el arrendamiento de una vivienda. También existen beneficios en materia de Derecho de la nacionalidad o extranjería, como aquél en el que un español contrae matrimonio con un extranjero con el fin de que dicho extranjero pueda obtener un permiso para residir en España o para conseguir la nacionalidad española, sin que ninguno de los cónyuges pretenda llevar a cabo un proyecto de vida en común"[19]. Por lo tanto, son una forma de fraude a las normas de Extranjería y Nacionalidad[20].

La simulación del matrimonio tiene lugar cuando a las declaraciones formales de los contrayentes, de querer contraer matri-

---

18 *Vid.* A. L. CALVO CARAVACA y J. CARRASCOSA GONZÁLEZ, "Matrimonios de complacencia y Derecho internacional privado", en *El Derecho de familia ante el siglo XXI: aspectos internacionales,* Madrid, Colex, 2004, p. 120.

19 *Vid.* R. ARENAS GARCÍA, "Algunos problemas relativos al reconocimiento matrimonial en los supuestos internacionales (Matrimonios blancos y matrimonios convenidos en DIPr.)", disponible en http://adipr.files.wordpress.com/2007/07/matrimonios-convenidos1def2.pdf, 2007.

20 *Vid.* B. AUDIT, *Droit International privé,* Economista, París, 3ª edición, 2000, pp. 547.

monio el uno con el otro, se superpone un pacto privado, en cuya virtud ambos excluyen la causa típica del negocio matrimonial, que consistente en la instauración de una plena comunidad de vida tendencialmente perpetua entre dos personas, asumiendo estas las obligaciones conyugales establecidas en los artículos 67 y 68 del CC[21]. Por el acuerdo simulado, los contrayentes convienen entre sí en no adquirir el estatus de cónyuge, por lo que habrá un supuesto de divergencia consciente entre la voluntad real y la declarada ante el funcionario autorizante, dando lugar a una falta de consentimiento, que provocará la nulidad del matrimonio según lo establecido en el artículo 45 del CC[22].

El interés del tema viene motivado por la gran cantidad de matrimonios mixtos que se vienen celebrando en España, entre los que se encuentran algunos de los que dan nombre al presente trabajo. La proliferación de los matrimonios mixtos en España ha ido en aumento, pues según el Instituto Nacional de Estadística (en adelante, INE), para el año 2020 se celebró un total de 15.648[23] matrimonios en los que, al menos, un cónyuge era extranjero.

Entre los meses de enero y junio de 2020 (últimos disponibles), el 21,5% de los matrimonios registrados en España fueron mixtos, es decir, entre un cónyuge español y otro extranjero. En el 83% de los matrimonios en los que intervino un extranjero en ese periodo de tiempo de 2020, su cónyuge era español. Además, según

---

21 Real Decreto de 24 de julio de 1889, por el que se publica el Código Civil. (Gaceta de Madrid *núm.* 206, de 25 de julio de 1889).

22 *Vid.*, en sentido amplio, A. Ortega Giménez, "A vueltas con los "matrimonios de conveniencia" en España, comentario de las Sentencias de la Audiencia Provincial de Barcelona de 19 de noviembre de 2019 y 29 de enero de 2020", en *Diario LA LEY*, número 9618, Wolters Kluwer, Madrid, 22 de abril de 2020, pp. 1-23.

23 Según los datos que arroja el Instituto Nacional de Estadística. Disponible en: https://www.ine.es/dyngs/INEbase/es/operacion.htm?c=Estadistica_C&cid=1254736176999&menu=ultiDatos&idp=1254735573002.

los datos del INE sobre el número de hogares según nacionalidad de sus miembros y tipo de hogar, en 2020 había 2.231.700 hogares en España en los que uno de los miembros era extranjero, de los cuales el 48% era mixto.

En 2019 se contrajeron un total de 166.530 matrimonios en España, de los cuales 25.168 (4,1%) fueron entre una persona española y una persona extranjera, ya sea del mismo sexo o de sexo opuesto, según podemos extraer de los datos definitivos publicados por el INE. En ese mismo período de tiempo, se produjeron 4.747 matrimonios entre personas extranjeras en España. Por lo tanto, de los 29.915 matrimonios en 2019 en los que intervino una persona extranjera, la mayoría fueron mixtos, suponiendo estos el 84,1% y los registrados entre dos cónyuges extranjeros el 15,9%.

En la primera mitad de 2020, el 21,5% de los matrimonios fueron mixtos y el 83% de los matrimonios en los que intervino un extranjero el cónyuge era español. Entre enero y junio de 2020, se registraron 2.083 matrimonios de personas de diferente sexo en el que el esposo era extranjero y la esposa era española, de los cuales en 976 el esposo era de un país de América, en 596 matrimonios era de un país de África y en 59 era de un país de Asia. La nacionalidad extranjera mayoritaria en este tipo de uniones en ese período de tiempo fue la marroquí.

Resulta interesante, por lo tanto, analizar dentro de la mayor exactitud posible, en cuanto asciende, según los datos obtenidos anteriormente, el número de matrimonios celebrados en fraude de ley dentro de los ya celebrados matrimonios mixtos.

Así pues, según los últimos datos a los que hemos podido tener acceso, para el año 2019 se declaró la nulidad matrimonial en 75 matrimonios[24]. En este sentido, también la Dirección General

---

24 Según los datos oficiales obtenidos del Consejo General del Poder Judicial. Disponible en: https://www.poderjudicial.es/cgpj/es/Temas/Estadistica-Judicial/Estadistica-por-temas/Datos-penales—civiles-y-

del Registro y del Notariado (en adelante, DGRN) denegó, para el mismo año, en torno a más de 350 solicitudes que autorizaban para la celebración de matrimonio civil, en los que al menos un cónyuge era extranjero.

La DGRN –hoy día, como señalamos, Dirección General de Seguridad Jurídica y Fe Publica– revisó, en el 2019, más de 283 expedientes recurridos por parejas a las que no se les permitió inscribir su boda celebrada en el extranjero o que no obtuvieron autorización para casarse al constatarse "datos objetivos" que apuntan a "la ausencia de consentimiento matrimonial".

Alrededor del 90 % de los recursos, son desestimados, aunque hay casos en los que se comprueba que la entrevista ha arrojado solo datos superficiales y se pide su repetición. Un repaso al último boletín mensual de este organismo muestra más de cincuenta resoluciones en las que se rechazan casos que se entiende que son "matrimonios simulados", con los que se busca, fundamentalmente, acelerar la adquisición de la nacionalidad española, obtener un permiso de residencia o lograr la reagrupación familiar.

No obstante, también se ha detectado muchísimos casos de bandas cuya dedicación era la concertación de este tipo de matrimonios. Fenómeno que no solo se extiende a las bandas organizadas, sino que gran cantidad de interesados por ganar un "ingreso de dinero extra" se ofrecen en portales muy conocidos de internet a los que no les da ningún pavor ofertarse bajo el lema "me ofrezco para matrimonio por conveniencia" en el que ellos pagaban hasta 17.000 euros por enlace y ellas recibían alrededor de 1.000.

Respecto a esta cuestión se han pronunciado los tribunales en repetidas ocasiones durante los últimos años, donde se han analizado diversos casos planteados objetivamente, determinando los

---

laborales/Civil-y-laboral/Estadistica-de-nulidades—separacion-y-divorcios—INE-/.

requisitos formales que se deben dar para que un matrimonio tenga eficacia legal y no sea declarado nulo o viciado por intenciones ocultas que pretenden obtener ciertos beneficios de carácter administrativo para uno de los cónyuges[25].

Los matrimonios de conveniencia que se tratan, y que han quedado contextualizados en los términos precedentes, pretenden ampararse en las citadas normas de la Ley Orgánica 4/2000, de 11 de enero, sobre derechos y libertades de los extranjeros en España y su integración social[26] (en adelante, LOEX). Cuando en estos matrimonios existe falta de verdadero consentimiento matrimonial en ambos contrayentes, dichos matrimonios no son válidos conforme a nuestro derecho, sino nulos, hallándonos en presencia de una nulidad *ipso iure*, es decir, automática, y sin que quepa ni se produzca subsanación ni convalidación alguna de dicho matrimonio por el transcurso del tiempo[27].

De esta forma, en el presente trabajo trataremos de concretar qué se entiende por "matrimonio por conveniencia", para así, poder detenernos en el examen de los indicios de todo "matrimonio por conveniencia", las posibles formas de combatirlos, así como el control registral y judicial de la validez de estos matrimonios; finalmente, haremos hincapié en los efectos de estos matrimonios, analizando la actual Ley de Extranjería española y la jurisprudencia más reciente sobre los matrimonios de conveniencia.

---

25 *Vid.*, en sentido amplio, A. ORTEGA GIMÉNEZ, *Los matrimonios de conveniencia en España*, Editorial Sepin, Madrid, 2018.

26 Ley Orgánica 4/2000, de 11 de enero, sobre derechos y libertades de los extranjeros en España y su integración social (BOE *núm.* 10, de 12 de enero de 2000).

27 *Vid.* C. VELASCO JIMÉNEZ, "Matrimonios de complacencia", en *Diario La Ley*, Nº 9822, Sección Tribuna, Wolters Kluwer, 5 de abril de 2021.

2. REQUISITOS PARA QUE UN MATRIMONIO SEA VÁLIDO EN ESPAÑA

El matrimonio se puede definir como la unión de dos personas que tiene por objeto, como bien apunta LASARTE, compartir la vida y sus avatares[28]. La tradición siempre ha estado ligada al matrimonio entendido este como la unión entre un hombre y una mujer, los cuales expresan su consentimiento y deseo de unión hacia la otra persona, pero bien es cierto que España fue un país pionero en otorgar la misma igualdad jurídica, en cuanto al matrimonio se refiere, para las personas del mismo sexo.[29]

El matrimonio se encuentra, por lo tanto, regulado por las leyes del ordenamiento español. Es el artículo 32.2 de la CE el que estable que "la ley regulará las formas de matrimonio, la edad y la capacidad para contraerlo, los derechos y los deberes de los cónyuges, las causas de separación y disolución y sus efectos". Resulta por lo tanto inminente que la Constitución española deriva hacia otro sector del ordenamiento la regulación del matrimonio, entendiéndose competente el orden jurisdiccional civil. No debemos dejar pasar, que como apuntan DE VERDA Y CHAPARRO

---

[28] *Vid.*, en sentido amplio, C. LASARTE, *Compendio de Derecho de Familia, Dinkynson*, 2013, Madrid, p. 14; M. HERRANZ BALLESTERO, "Régimen jurídico de las crisis matrimoniales internacionales y Derecho aplicable: el Reglamento (UE) N. º 1259/2010, del Consejo de 20 de diciembre de 2010 por el que se establece una cooperación reforzada en el ámbito de la ley aplicable al divorcio y a la separación judicial", en *Revista de Derecho de la Unión Europea*, núm. 22, enero-junio 2012, pp. 43-66; S. P. OREJUDO PRIETO DE LOS MOZO, "La nueva regulación de la ley aplicable a la separación judicial y al divorcio: (...)", p. 2; y M. C. VAQUERO LÓPEZ, "Cooperación reforzada en materia de divorcio y separación judicial ¿una solución materialmente orientada (...)", p. 963; L. DÍEZ-PICAZO Y A. GULLÓN, Sistema de Derecho Civil, vol. IV, Tecnos, Madrid, 1995, p. 63.

[29] A tenor del párrafo segundo del artículo 44 del CC se reconoce el matrimonio homosexual y se dispone que: "El matrimonio tendrá los mismos requisitos y efectos cuando ambos contrayentes sean del mismo o de diferente sexo".

nuestro sistema matrimonial "se trata de un sistema facultativo" pues los futuros cónyuges pueden optar por la unión civil o religiosa, rigiéndose en este último caso conforme a las normas de Derecho Canónico[30].

Puede resultar, aparentemente, que ambas formas de contraer matrimonio puedan producir efectos jurídicos diferentes, pues bien es cierto que hoy en día tanto el matrimonio civil como la unión religiosa producen los mismos efectos jurídicos, aunque celebrados conforme a normas diferentes, pero unidos por el deber de concurrencia de requisitos de consentimiento, capacidad y forma.

a) Consentimiento

Una definición válida de consentimiento se podría definir como la creación de un acto jurídico en la que las partes expresan el acuerdo de las voluntades que les vincula. Pero el concepto de consentimiento que a nosotros nos interesa va mucho más allá y debemos referirnos al consentimiento como uno de los requisitos más importantes para que un matrimonio sea válido. Su importancia se refleja doblemente en el CC en su artículo 45 en el que se establece que "no hay matrimonio sin consentimiento matrimonial" y en su artículo 73.1 del CC[31].

Ya se cita en el CC mediante su artículo 45 que "la condición, término o modo del consentimiento se entenderá por no puesta", haciéndose referencia por lo tanto a la libertad que debe ser ejercida por ambas partes a la hora de prestar su consentimiento matrimonial. Visto en este sentido, se debe entender que, en el pleno ejercicio de la libertad personal, el consentimiento que la

---

30 *Vid.*, en sentido amplio, DE VERDA Y BEAMONTE J. R. Y CHAPARRO MATAMOROS P., "Derecho de Familia" en J. R DE VERDA Y BEAMONTE (coord.), *Derecho Civil IV*, Tirant lo Blanch, 2013, Valencia, pp. 39-40.

31 A tenor del artículo 73.1 del CC se entenderá nulo el matrimonio "celebrado sin consentimiento matrimonial".

persona otorga debe realizarse bajo consciencia del acto que se está realizando y debiendo, por lo tanto, ser responsable de todas y cada una de las consecuencias jurídicas que dicho acto produzca. En definitiva, para poder contraer matrimonio hay que, como De Verda y Chaparro señalan "tener capacidad para entender y querer el acto que se realiza"[32].

Así pues, el consentimiento debe de existir, es decir, deben expresarlos ambos contrayentes y no puede estar viciado. En este sentido, el vicio del consentimiento puede aparecer cuando ambos contrayentes expresen su voluntad de contraer matrimonio, pero en el fondo del concepto no exista un interés real por contraer matrimonio, sino que lo que se desea es formalizar un negocio jurídico para un interés secundario, como podría suceder en el caso del matrimonio por conveniencia que más adelante explicaremos.

Por último, cabe hacer referencia al momento de expresar el consentimiento matrimonial, entendido en este sentido como el momento en el que ambos contrayentes expresan la voluntad de casarse frente al funcionario correspondientemente autorizado. Al ser una expresión de voluntad personal debe realizarse de forma presencial ante esta figura, aunque bien es cierto que el artículo 55 del CC reserva la opción de apoderamiento a un tercero, siempre y cuando se realice de forma válida y esté presente el otro cónyuge.

b) Capacidad

Otro requisito, no menos importante que el de consentimiento resulta ser el de la capacidad. La capacidad hace referencia a quien o quienes pueden contraer matrimonio y quienes no, ya bien sea por edad, parentesco o por impedimento de crimen,

---

32 *Vid.*, en sentido amplio, De Verda y Beamonte J. R. y Chaparro Matamoros P., *op. cit.*, p. 52.

entre otros. La capacidad constituye pues, el elemento fundamental para determinar quién puede contraer matrimonio, pues, aunque existiera consentimiento no se podría cumplir el requisito de forma, al impedirse por lo tanto el matrimonio por falta de capacidad de los contrayentes. La regulación legal en este sentido hace una interpretación negativa de exclusión identificando y definiendo que personas no pueden contraer matrimonio por su incursión en algunos de los impedimentos legales tipificados en el CC.

En España a tenor del artículo 46 del CC "no podrán contraer matrimonio los menores de edad no emancipados", por lo que de este artículo se puede extraer que solo podrán casarse los mayores de edad y los emancipados. La emancipación era un término que, hasta no hace mucho en España se podía alcanzar mediante el matrimonio, que fijaba la edad mínima para la emancipación en los 14 años, cuestión que fue muy debatida ya que permitía el matrimonio en adolescentes de 14 años. En el año 2013 esta cuestión se consiguió llevar al Consejo de Ministros que finalmente fijaba la edad mínima para el matrimonio en 16 años[33], al declararse, siempre y cuando se pudiera, emancipado y por lo tanto estar actuando conforme al artículo 46 del CC.

Por su parte y siguiendo con el análisis del artículo 46 del CC, en este caso en su apartado segundo se establece que "no pueden contraer matrimonio los que estén ligados con vínculo matrimonial", será por tanto nulo el matrimonio que celebre un cónyuge con otra persona que se encontrara unida matrimonialmente con otra anterior. Esto no solo supondría la nulidad del último matrimonio celebrado, sino que el mero hecho de haber contraído

---

33 La cuestión de transición de la edad mínima para poder contraer matrimonio se lleva a cabo mediante el Plan de Infancia y Adolescencia 2013-2016 que prevé, entre otros asuntos el aumento de la edad mínima para poder contraer matrimonio que pasa a ser de 14 a 16 años. Aprobado el 5 de abril de 2013 preveía por lo tanto la correspondiente reforma del CC, reforma que aún no se ha producido.

nupcias una segunda vez, supondría la incursión en un delito de bigamia.[34]

El parentesco también resulta una causa de incapacidad para contraer matrimonio, así pues, no podrán contraer matrimonio aquellas personas que resulten parientes en línea recta por consanguinidad o adopción y los parientes colaterales por consanguinidad hasta tercer grado[35].

Por último, en cuanto a la capacidad de contraer matrimonio el CC es claro, y limita la posibilidad de contraer matrimonio, en su artículo 46.3, entre sí a "los condenados por haber tenido participación en la muerte dolosa del cónyuge o persona con la que hubiera estado unida por análoga relación de afectividad a la conyugal". Así pues, el CC actúa en complementación al Código Penal "castigando" por así decirlo a los cónyuges que hubieran incurrido en dicho delito.

c) Forma

La forma, como en cualquier otro negocio jurídico, está presente en el momento de la celebración del matrimonio. Y es que, debemos entender que el matrimonio no se aleja pues, de la idea de negocio jurídico dado que también produce efectos y obligaciones de la misma índole. Como antes apuntábamos, nuestro sistema matrimonial es de tipo facultativo, por lo que las personas podrán elegir entre celebrar su matrimonio mediante una

---

[34] Tal y como se expone en el fallo de la Sentencia 512/2009 de 20 de Julio de la Audiencia Provincial de Palma "el delito de bigamia es de consumación instantánea" por lo que esto supone que el delito se produce en el momento que la persona contrae matrimonio una segunda vez, a sabiendas que sigue vinculado por un matrimonio anterior no disuelto por alguna de las causas previstas para ello.

[35] A tenor del artículo 47.1 y 2 del CC en los que se establece que "no podrán contraer matrimonio los parientes en línea recta por consanguinidad o adopción y los colaterales por consanguinidad hasta el tercer grado".

ceremonia civil o religiosa, ya que así lo establece el artículo 49 del CC,[36] pero nos centraremos en analizar el primer párrafo del mencionado artículo.

El CC también otorga por su parte, validez al matrimonio celebrado fuera del territorio nacional siempre y cuando estén contraídos de acuerdo a las leyes establecidas por el lugar de celebración, por lo que este apartado deja vía libre para la libertad matrimonial, y por lo tanto tan válido resultaría ser un matrimonio que reviste la formalidad de nuestro CC, como un matrimonio que reviste la formalidad en cuanto a la religión musulmana y que se ha celebrado en cualquiera de los países que profesan esta religión. Por su parte, también se reconoce en nuestro CC el derecho de los extranjeros a celebrar su enlace matrimonial en España, cuando ambos sean extranjeros, con arreglo a la misma formalidad que lo establecido para los matrimonios españoles o, por su parte y de manera extraordinaria, se podrá celebrar cumpliendo la Ley personal del cualquiera de ellos[37].

Quizá este artículo podría dejar abierta la puerta a la celebración de matrimonios en España conforme a una gran cantidad de leyes extranjeras, pero en complementación con esta característica se complementa el artículo 51 del CC estableciendo quien resulta exclusivamente competente para autorizar el matrimonio[38].

---

[36] A tenor del artículo 49 del CC se establece que "cualquier español podrá contraer matrimonio dentro o fuera de España: Ante el juez, alcalde o funcionario señalado por este Código o en la forma religiosa legalmente prevista".

[37] A tenor del artículo 50 del CC que establece que "si ambos contrayentes son extranjeros, podrá celebrar el matrimonio en España, con arreglo a la forma prescrita para los españoles o cumpliendo la establecida por la ley personal de cualesquiera de ellos".

[38] A tenor del artículo 51 del CC resulta competente para autorizar el matrimonio "el Juez encargado del Registro Civil y el Alcalde del municipio donde se celebre el matrimonio. […] El funcionario diplomático o consular encargado del Registro Civil en el extranjero".

Resulta por lo tanto evidente, que, para contraer matrimonio, tal y como se expone en el CC habrá de prestarse el consentimiento y la capacidad para ello ante una figura competente a la que las leyes le otorgan dicha competencia. Por su parte, no solo habrá de prestarse la voluntad de contraer matrimonio ante la persona legalmente designada para aprobarlo, sino se deberá tramitar un expediente previo ante el Registro Civil, con el fin de comprobar que ambos contrayentes poseen la capacidad y por lo tanto podrán prestar su consentimiento sin vicio alguno, hecho que podría producir la nulidad del matrimonio.

El expediente previo al matrimonio podrá ser aprobado o denegado, y el cualquier caso cabrá recurso ante el órgano encargado de dictar el auto. Por su parte, y normalmente, estos expedientes previos suelen ser favorables para contraer matrimonio, por lo que una vez aprobado deberá celebrarse el matrimonio ante las personas a las que el artículo 51 del CC otorga competencia para su aprobación. No solo bastará con la presencia del funcionario facultativo, sino que además el artículo 57.1 del CC establece como requisito indispensable, además de la figura del funcionario, a dos personas mayores de edad.

Esta figura es introducida, con el fin de dar fe de la celebración del matrimonio, en definitiva, para evitar posibles fraudes que se pudieran suceder. Por último, el último requisito de formalidad es puramente administrativo, y recogido en el artículo 58 del mismo Código, se establece una conducta de formalidad a practicar por el Alcalde, Juez o funcionario que se encuentre al cargo de la ceremonia.[39]

---

39 El artículo 58 del CC establece que "el Juez, Alcalde o funcionario, después de leídos los artículos 66, 67 y 68, preguntará a cada uno de los contrayentes si consienten en contraer matrimonio con el otro y si efectivamente lo contraen en dicho acto y, respondiendo ambos afirmativamente, declarará que los mismos quedan unidos en matrimonio y extenderá la inscripción o el acta correspondiente".

Así que, a modo de resumen podríamos encuadrar los requisitos formales del matrimonio de la siguiente forma:

• Habiendo promesa de contraer matrimonio, la pareja deberá presentar un expediente previo al matrimonio ante el Registro Civil. Dicho expediente podrá ser aprobado o denegado (podrá recurrirse).

• En caso de aprobación del expediente, el matrimonio deberá celebrarse ante la persona legalmente facultada por el CC, y dos personas mayores de edad que ostentaran el cargo de testigos.

• Finalmente, y tras el consentimiento entre mutuas personas, el funcionario extenderá el acta para la inscripción de dicho matrimonio en el Registro Civil.

Normativa de referencia

RÉGIMEN JURÍDICO APLICABLE A LOS MATRIMONIOS DE CONVENIENCIA

DERECHO DE LA NACIONALIDAD	DERECHO DE LA EXTRANJERÍA
Instrucción de la DGRN, de 9 de enero de 1995, sobre expediente previo al matrimonio cuando uno de los contrayentes está domiciliado en el extranjero.	Real Decreto 240/2007, de 16 de febrero, sobre entrada, libre circulación y residencia en España de ciudadanos de los Estados miembros de la Unión Europea y de otros Estados parte en el Acuerdo sobre el Espacio Económico Europeo.
Instrucción de la DGRN, de 31 de enero de 2006, sobre los matrimonios de complacencia.	Ley de Extranjería. Ley Orgánica 8/2000, de 22 de diciembre
Resolución del Consejo de las Comunidades Europeas, de 4 de diciembre de 1997, sobre las medidas que deberán adoptarse en materia de lucha contra matrimonios fraudulentos.	Real Decreto 557/2011, de 20 de abril, por el que se aprueba el Reglamento de la Ley Orgánica 4/2000, de 11 de enero, sobre derechos y libertades de los extranjeros en España y su integración social (Reglamento de Extranjería).

3. CONCEPTO DE "MATRIMONIOS DE CONVENIENCIA"

El crecimiento de los denominados "matrimonios de conveniencia" –aunque CALVO CARAVACA y CARRASCOSA GONZÁLEZ, prefieran hablar de "matrimonios de complacencia" o de "matrimonios blancos", como hace la doctrina francesa, ya que "con ello se indica no que el matrimonio se ha celebrado "por conveniencia", sino que estos matrimonios son, realmente, matrimonios simulados"–[40], llevó a la DGRN a dictar una Instrucción con fecha 9 de enero de 1995, sobre el Expediente Previo al Matrimonio cuando uno de los contrayentes está domiciliado en el Extranjero[41]. Con esta Instrucción, el instructor del expediente practica un interrogatorio por separado, y de modo reservado, para cerciorarse de la verdadera intención matrimonial o, en su caso, para descubrir posibles fraudes. Es, en sí, un medio de control preventivo, pero que no permite erradicar todo matrimonio de conveniencia[42].

---

40 *Vid.* A. L. CALVO CARAVACA y J. CARRASCOSA GONZÁLEZ, "Matrimonios de complacencia y Derecho internacional privado", *El Derecho de familia ante el siglo XXI: aspectos internacionales,* citado, p. 121.

41 *Vid.* Instrucción de 9 de enero de 1995, de la Dirección General de los Registros y del Notariado, sobre el expediente previo al matrimonio cuando uno de los contrayentes está domiciliado en el extranjero. (BOE *núm.* 21, de 25 de enero de 1995).

42 M. P. DIAGO; "Matrimonios de conveniencia", Actualidad *Civil* nº 2, 1996, pp. 329-347, se refiere a la Instrucción de 9 de enero de 1995, que tiene por objeto, dar mayor publicidad a unas normas contenidas en el Reglamento del Registro Civil, con la finalidad de evitar matrimonios nulos. Sigue diciendo que, en la Instrucción de 22 de marzo de 1974 sobre expediente previo al Registro Civil, ya se refería a matrimonios mixtos, ahora bien, se ha producido una cierta evolución en la actitud de la Dirección General de los Registros y del Notariado, puesto que en esta última se instaba a que en la medida de lo posible se evitase el amontonamiento de trámites y de exigencias, mientras que en la Instrucción de 9 de Enero de 1995, no se muestra ninguna preocupación por la dilación, y se insta a que se cumpla de forma rigurosa lo previsto en el Reglamento del Registro Civil. También advierte la diferencia entre la Instrucción de marzo de 1974 y de enero de 1995, E. FERNÁNDEZ

Ahora bien, si queremos dar un concepto de "matrimonios de conveniencia", debemos esperar un par de años, a que el Consejo de la Unión Europea, en 1997, se ocupara de este fenómeno, mediante la Resolución del Consejo, de 4 de diciembre de 1997, sobre las medidas que deberán adoptarse en materia de lucha contra matrimonios fraudulentos[43]. Con arreglo a la presente Resolución se estableció que se entenderá por "matrimonio fraudulento", el matrimonio de un nacional de un Estado miembro o de un nacional de un tercer país que resida regularmente en un Estado miembro con un nacional de un tercer país, con el fin exclusivo de eludir las normas relativas a la entrada y la residencia de nacionales de terceros países y obtener, para el nacional de un tercer país, un permiso de residencia o una autorización de residencia en un Estado miembro[44].

Además, se señalaban como factores que pueden permitir que se presuma que un matrimonio es fraudulento, en particular, los siguientes: a) el no mantenimiento de la vida en común; b) la ausencia de una contribución adecuada a las responsabilidades derivadas del matrimonio; c) el hecho de que los cónyuges no se hayan conocido antes del matrimonio; d) el hecho de que los cónyuges se equivoquen sobre sus respectivos datos personales y profesionales –nombre, dirección, nacionalidad, trabajo–, sobre las circunstancias en que se conocieron o sobre otros datos de carácter personal relacionados con ellos; e) el hecho de que los cónyuges no hablen una lengua comprensible para ambos; f) el

---

MASÍA, "De la ficción a la realidad: La creciente problemática de los matrimonios de conveniencia en España", *Revista de derecho privado*, septiembre 1998, p. 635.

43 DOCE C 382, de 16 de diciembre de 1997.

44 Este concepto de "matrimonio de conveniencia" ha sido seguido por la Fiscalía General del Estado, que, mediante la Circular 1/2002, define los "matrimonios de conveniencia" como "aquellos matrimonios celebrados con la única finalidad de regularizar la situación en España de uno de los contrayentes, mediante el matrimonio con español o con quien ya se encuentra legalmente en el país".

hecho de que se haya entregado una cantidad monetaria para que se celebre el matrimonio –a excepción de las cantidades entregadas en concepto de dote, en el caso de los nacionales de terceros países en los cuales la aportación de una dote sea práctica normal–; o, g) el hecho de que el historial de uno de los cónyuges revele matrimonios fraudulentos anteriores o irregularidades en materia de residencia.

En este contexto, dichos factores, según señalaba, el Consejo de la UE, pueden desprenderse de declaraciones de los interesados o de terceras personas, informaciones que procedan de documentos escritos, o de datos obtenidos durante una investigación.

Así, cuando existieran factores que hicieran presuponer que nos encontrábamos ante un "matrimonio fraudulento", sólo se expedirá una autorización de residencia por causa de matrimonio al nacional del país tercero tras haber mandado comprobar a las autoridades competentes, según el Derecho nacional, que el matrimonio no es un matrimonio fraudulento y, que se cumplen las demás condiciones de entrada y residencia.

Cuando las autoridades competentes según el Derecho nacional establezcan que el matrimonio es un matrimonio fraudulento, se retirará, revocará o no se renovará la autorización de residencia por causa de matrimonio del nacional del país tercero[45].

Con el fin de luchar contra el fraude en esta materia, y erradicar los "matrimonios fraudulentos", la DGRN, dictó la conocida Instrucción de 31 de enero de 2006, sobre los matrimonios de complacencia[46].

---

45 Eso sí, el nacional del país tercero tendrá la posibilidad de oponerse a una decisión de denegación, retirada, revocación o no renovación del permiso de residencia o de la autorización de residencia o de solicitar su revisión, con arreglo al Derecho nacional, bien ante un Tribunal, bien ante una autoridad administrativa competente.

46 Instrucción de 31 de enero de 2006, de la Dirección General de los Registros y del Notariado, sobre los matrimonios de complacencia (BOE *núm.* 41, de 17 de febrero de 2006).

De esta forma, la DGRN ha dado a conocer una serie de orientaciones y reglas con el fin de evitar la proliferación de "matrimonios de conveniencia". A los Encargados de los Registros Civiles españoles se les indica, por ejemplo, que "debe considerarse y presumirse que existe auténtico consentimiento matrimonial", cuando un contrayente conoce "los datos personales y/o familiares básicos del otro". Eso sí, teniendo en cuenta ciertas reglas, como que el desconocimiento "debe ser claro, evidente y flagrante", que no es preciso "descender a los detalles más concretos posibles" y que no puede fijarse una "lista cerrada" de datos básicos de obligado conocimiento. Además, la DGRN considera que para acreditar la existencia de auténticas y verdaderas relaciones entre los contrayentes deben tenerse en cuenta seis reglas, como tiempo y tipo de relaciones de convivencia, idioma común, matrimonios simulados anteriores y prueba indubitable de entrega de una cantidad económica.

Señala la DGRN, que los llamados "matrimonios de complacencia" se celebran, frecuentemente, a cambio de un precio: un sujeto –ciudadano extranjero–, paga una cantidad a otro sujeto -un ciudadano español-, para que este último acceda a contraer matrimonio con él, con el acuerdo, expreso o tácito, de que nunca habrá "convivencia matrimonial auténtica" ni "voluntad de fundar y formar una familia", y de que, pasado un año u otro plazo convenido, se instará la separación judicial o el divorcio. Por lo tanto, uno de los requisitos es la existencia de un elemento de extranjería[47].

La Comisión Europea, en 2014, en su documento "Handbook on addressing the issue of alleged marriages of convenience between EU citizens and non-EU nationals in the context of EU law

---

47 *Vid.* P. OREJUDO PRIETO DE LOS MOZOS, "Las uniones registradas: ¿fin del matrimonio de conveniencia?", en S. ÁLVAREZ GONZÁLEZ (Ed.), *Estudios de Derecho de familia y de sucesiones*, Santiago de Compostela, *Conflictus Legum*, 2009, p. 222; V. GARCÍA HERRERA, *Los matrimonios de conveniencia*, Madrid, Universidad Rey Juan Carlos, 2016, p. 31.

on free movement of EU citizens"[48], muestra los diferentes tipos de matrimonios de conveniencia que nos podemos encontrar en la práctica:

a) Matrimonio por conveniencia "estándar": Es un matrimonio en el que ambos cónyuges son cómplices complacientes, consintiendo libremente en entrar en una relación diseñada para abusar de la legislación de la UE.

b) Matrimonio por engaño: Es el matrimonio donde el cónyuge comunitario es engañado por el cónyuge no comunitario para hacerle creer genuinamente que la pareja llevará una vida matrimonial genuina y duradera.

c) Matrimonio forzado: Es el matrimonio en el que el cónyuge comunitario es forzado, contra su voluntad, a contraer matrimonio con el cónyuge no comunitario. En los matrimonios forzados, el cónyuge coaccionado comunitario es una víctima y debe ser protegido y ofrecido asistencia.

d) Matrimonios falsos: A veces, los matrimonios de conveniencia son calificados como falsos, pero esto, estrictamente hablando, no es correcto. A diferencia de los matrimonios de conveniencia, que son formalmente válidos, los matrimonios falsos son inválidos o totalmente ficticios. Los matrimonios fraudulentos pueden implicar falsificación o mal uso de documentos relacionados con otra persona.

El verdadero objetivo de estos matrimonios de conveniencia es obtener determinados beneficios en materia de nacionalidad y de extranjería. Los objetivos más usuales de estos matrimonios son los siguientes: a) adquirir de modo acelerado la nacionalidad española, en la medida en que el cónyuge del ciudadano español goza de una posición privilegiada para la adquisición de la nacionalidad española (= artículo 22.2 de nuestro CC): basta un año de residencia en España por parte del sujeto extranjero

---

[48] SWD (2014) 284 final.

(= artículo 22.2 del CC), siempre que sea una residencia "legal, continuada e inmediatamente anterior a la petición" (= artículo 22.3 del CC); b) lograr una autorización de residencia en España, ya que el extranjero que ostenta la nacionalidad de un tercer Estado no miembro de la UE ni del EEE y que sea cónyuge o pareja de hecho de un ciudadano español, goza del derecho a residir en España, como indica el artículo 2 del Real Decreto 240/2007, de 16 de febrero, sobre entrada, libre circulación y residencia en España de ciudadanos de los Estados miembros de la Unión Europea y de otros Estados parte en el Acuerdo sobre el Espacio Económico Europeo[49] (en adelante, Real Decreto 240/2007), no siendo preciso que tales extranjeros "mantengan un vínculo de convivencia estable y permanente" con sus cónyuges españoles –tal y como señaló el TS, Sala Tercera, en su Sentencia de 10 de junio de 2004–[50]; o, c) lograr la reagrupación familiar de nacionales de terceros Estados. En efecto, el cónyuge extranjero del ciudadano extranjero puede ser "reagrupado", pues el artículo 53 a) del Real Decreto 557/2011, de 20 de abril, por el que se aprueba el Reglamento de la Ley Orgánica 4/2000, sobre derechos y libertades de los extranjeros en España y su integración social.

En España, por tanto, conforme a las previsiones de las DGRN y de la Fiscalía General del Estado, se presumen "matrimonios de conveniencia", los siguientes[51]:

---

49 Real Decreto 240/2007, de 16 de febrero, sobre entrada, libre circulación y residencia en España de ciudadanos de los Estados miembros de la Unión Europea y de otros Estados parte en el Acuerdo sobre el Espacio Económico Europeo (BOE *núm.* 51, de 28 de febrero de 2007).

50 *Vid.* en este sentido, A. ORTEGA GIMÉNEZ y L. S. HEREDIA SÁNCHEZ, "El nuevo estatuto jurídico de los ciudadanos comunitarios en España", *IURIS. Actualidad y Práctica del Derecho*, nº. 116, mayo 2007, pp. 50-59.

51 *Vid.* S. SALVADOR RODRÍGUEZ, "Registro Civil, inmigración y matrimonio", VV. AA., *Derecho registral internacional*, Madrid, Iprolex, 2003, pp. 261-262.

a) Aquellos matrimonios celebrados en España entre nacionales de Estados miembros de la UE, con nacionales de terceros Estados en situación irregular;

b) Aquellos matrimonios celebrados en España entre nacionales de Estados no miembros de la UE, cuando uno de los contrayentes se encuentra legalmente en el país y el otro contrayente está en situación irregular; y,

c) Aquellos matrimonios celebrados en un país extranjero conforme a la ley del lugar de celebración cuando uno de los contrayentes es español y el otro contrayente es nacional de un tercer Estado no miembro de la UE.

La respuesta jurídica a estos "matrimonios blancos" es la de declararlos nulos, ante la falta de consentimiento matrimonial[52].

Ahora bien, CARRASCOSA GONZÁLEZ considera que examinar las intenciones de los contrayentes antes de la celebración del matrimonio colisiona casi inevitablemente con la presunción general de buena fe y el *ius connubii.* Si los contrayentes insisten en su intención de contraer matrimonio, será difícil impedir su derecho. Sólo después de haberlo contraído, se podrá constatar la ausencia de intención.[53] De esta manera se puede instar el correspondiente proceso judicial, por el Ministerio Fiscal, los cónyuges o cualquier persona con interés directo y legítimo[54].

---

52 Como señala MAÑÉ-RIGAT, "las sentencias más recientes tienen declarado que la nulidad del matrimonio es la sanción civil por ausencia o imperfección de alguna de las condiciones legalmente requeridas para la formación del vínculo matrimonial y procede tal declaración de inexistencia de matrimonio, al acreditarse que los cónyuges o uno de ellos no tuvo desde un principio intención matrimonial", disponible en http://www.togas.biz/togas46/mane.htm.

53 *Vid.* J. CARRASCOSA GONZÁLEZ, "Matrimonios de conveniencia y nacionalidad española", *Anales de Derecho,* Universidad de Murcia, Nº 20, 2002, p. 21.

54 No obstante, en la práctica las sentencias de nulidad matrimonial por matrimonios de complacencia, resultan promovidas por alguno de los cónyuges.

En definitiva, el matrimonio de conveniencia es un medio, un instrumento, al servicio de unos fines distintos de los característicos e inherentes a la institución matrimonial. Donde se persiguen ciertos efectos secundarios, accesorios o indirectos del matrimonio en materia de extranjería y de nacionalidad, prescindiendo del efecto central o esencial del mismo, que no es otro que la comunidad de vida de esposos, la convivencia matrimonial. Existe, por tanto, una contradicción entre la voluntad real, encubierta, y la voluntad declarada, aparente o simulada.

4. MATRIMONIO Y NACIONALIDAD ESPAÑOLA

Nuestro CC prevé, en los artículos 17 y ss., diferentes formas de adquisición de la nacionalidad española; una de ellas, la prevista en su artículo 22, permite la concesión de la nacionalidad por residencia. Se establece un plazo general de diez años, que puede reducirse a cinco –*para los que hayan obtenido la condición de refugiado*–, dos –*cuando se trate de nacionales de origen de países iberoamericanos, Andorra, Filipinas, Guinea Ecuatorial o Portugal o de sefardíes*– o, incluso, bajo determinados condicionantes, puede bastar un solo año de residencia para ello –en este sentido, en virtud del artículo 22.2.d) de nuestro CC, podrá adquirir la nacionalidad española, *el que al tiempo de la solicitud llevaré un año casado con español o española y no estuviere separado legalmente o de hecho*–. Parece ser que, para el legislador español, son suficientes vínculos con el foro español, el hecho de que un extranjero/a esté casado/a con español/a.

Quizás, el arraigo con el territorio español, la voluntad del sujeto de ser español, y el favorecimiento de la "unidad jurídica de la familia", sean argumentos suficientes para justificar la forma de adquisición de la nacionalidad española prevista en el mencionado artículo 22.2.d) de nuestro CC[55].

---

55 *Vid.* en sentido amplio, J. CARRASCOSA GONZÁLEZ, "Matrimonios de conveniencia y nacionalidad española", citado, pp. 7-34.

Ahora bien, debe tratarse de vínculo matrimonial real, esto es, tal y como señaló, en su día, la Instrucción de la DGRN, de 20 de marzo de 1991[56], *habrá de cerciorarse el Encargado de si el matrimonio del casado o viudo de español corresponde o ha correspondido a una situación de convivencia en el tiempo a que la Ley se refiere.* Aunque, nuestro CC parte de la presunción a favor de que los cónyuges viven juntos, tal y como señala García Zúñiga, sobre la base de la mencionada Instrucción de la DGRN, "se impone al casado con español la acreditación de la convivencia"[57], ya que establece que *sobre el solicitante recaerá la carga de probar tal convivencia, y como se exige ésta, como un presupuesto más de la concesión agregado al del matrimonio, no bastará para justificar la convivencia con acreditar el matrimonio y con invocar la presunción legal contenida en el artículo 69 del CC.* En la práctica, será en Encargado del registro Civil el que indague la certeza de una convivencia efectiva del matrimonio.

5. MATRIMONIO Y REGISTRO CIVIL ESPAÑOL

Para que el matrimonio tenga plena validez, se hace necesario que "el Encargado del Registro Civil llegue a la convicción de que los interesados intentan realmente fundar una familia y que su propósito no es simplemente, en claro fraude de ley, el de beneficiarse de las consecuencias legales de la institución matrimonial sobre la base de un matrimonio en el cual no ha habido verdadero consentimiento matrimonial y que es, en rigor nulo por simulación. Tal y como se puede apreciar en la Sentencia de la Audiencia Provincial de Madrid, de 20 de enero de 2021, en la que la DGRN declaró no haber lugar a la inscripción del matrimonio de

---

56 Instrucción de 20 de marzo de 1991 sobre nacionalidad (BOE *núm.* 73, de 26 de marzo de 1991).

57 *Vid.* R. García Zúñiga, "Los Matrimonios de conveniencia como fraude de ley", disponible en https://www.porticolegal.com/pa_articulo.php?ref=294.

los demandantes en el Registro civil Central, dado las contradicciones en las que incurrieron los actores en la audiencia reservada. Un interrogatorio bien encauzado puede llegar a descubrir la intención fraudulenta de una o de las dos partes y en tal caso, sin perjuicio del recurso oportuno, el instructor debe denegar la celebración. Así, como los hechos objetivos comprobados tales como lo señala la Resolución de la DGRN de 18 de julio de 1996, la que permite constatar la ausencia de consentimiento matrimonial, descubrir la voluntad encubierta de las partes y, por tanto, declarar nulo dicho matrimonio. Para luchar contra los "matrimonios de conveniencia", las medidas a adoptar pasan por las siguientes cuestiones como ser las presunciones como medio para acreditar un matrimonio de complacencia; la prueba de la simulación en expediente matrimonial previo a la autorización del matrimonio; la aplicación de la ley extranjera al consentimiento matrimonial; y la prueba de la simulación en la inscripción del matrimonio en el Registro Civil español cuando el matrimonio ha sido celebrado en el extranjero.

En cualquier caso, existe un trámite esencial e imprescindible, como es la audiencia que el instructor, asistido por el secretario, debe realizar de cada contrayente, reservadamente y por separado, para cerciorarse de la inexistencia del impedimento de ligamen o de cualquier otro obstáculo legal para la celebración. Esta audiencia, que en caso del contrayente domiciliado en otro lugar puede efectuarse ante el Registro Civil del domicilio del mismo, puede y debe servir para que el instructor se asegure del verdadero propósito de los comparecientes y de la existencia en ambos de real consentimiento matrimonial".

Aun así, debemos destacar este "control del consentimiento anticipado" carece de sentido. El certificado de capacidad cumple la función de garantizar y acreditar la capacidad nupcial del contrayente, evitando la nulidad del matrimonio por falta de capacidad. Desde la perspectiva del Derecho español, el certificado sirve para constatar que el contrayente español cumple con las condiciones de capacidad en relación con la edad y, sobre todo, con la ausencia de impedimento de ligamen por la existencia de un vínculo matrimonial anterior. La DGRN desnaturalizó por completo su función, convirtiéndolo en un "chantaje público" al condicionar su expedición a circunstancias que nada tienen que ver con la capacidad[58].

Un interrogatorio bien encauzado puede llegar a descubrir la intención fraudulenta de una o de las dos partes y en tal caso, sin perjuicio del recurso oportuno, el instructor debe denegar la celebración. Así, hechos objetivos comprobados tales como, p. ej., que "los contrayentes se conocieron personalmente unos días antes de la boda; ella no habla español y él no habla chino y se comunican por medio de una hermana de aquella que actúa como interprete; sus contactos anteriores por teléfono son, pues, difícilmente comprensibles"[59]; que "ambos contrayentes se conocieron por teléfono y sólo se vieron tres días antes de la celebración del matrimonio en forma local; que uno y otro ignoran datos elementales sobre la vida de cada uno; que ella nunca ha viajado a España; que él es la primera vez que ha viajado a la República Dominicana y, sin conocer a la interesada, vino provisto de certificado de nacimiento y de la fe de soltería, y que el mismo no recuerda incluso cuándo y dónde ha sido celebrado el matrimonio"[60]; o, que "él *es un soltero español, nacido en* 1974 *y ella una viuda cubana nacida en* 1934"*; y, que ésta ha declarado que no recuerda cuándo ni dónde conoció a su esposo;* que ignora lo que hacía éste en La Habana cuando lo conoció, así como las aficiones de su esposo y sus estudios o profesión, y que desconoce también el empleo del mismo y si dispone de medios económicos.

---

58 *Vid.* S. Sánchez Lorenzo, "La mujer marroquí ante el matrimonio de conveniencia", *La situación jurídico-familiar de la mujer marroquí en España*, Sevilla, Instituto Andaluz de la Mujer, 2008, pp. 183-184.

59 *Vid.* Resolución de la DGRN, de 22 de noviembre de 1995.

60 *Vid.* Resolución de la DGRN, de 23 de marzo de 1996.

6. INDICIOS DE MATRIMONIOS DE CONVENIENCIA

El verdadero objetivo de los matrimonios de conveniencia es obtener determinados beneficios en materia de nacionalidad y de extranjería, siendo los objetivos más usuales de estos matrimonios los siguientes: a) adquirir de modo acelerado la nacionalidad española, en la medida en que el cónyuge del ciudadano español goza de una posición privilegiada para la adquisición de la nacionalidad española, basta un año de residencia en España por parte del sujeto extranjero (= artículo 22.2 del CC), siempre que sea una residencia "legal, continuada e inmediatamente anterior a la Petición" (= artículo 22.3 del CC); b) lograr una autorización de residencia en España, ya que el extranjero que ostenta la nacionalidad de un tercer Estado no miembro de la UE ni del EEE y que sea cónyuge o pareja de hecho de un ciudadano español, goza del derecho a residir en España, como indica el artículo 2 del Real Decreto 240/2007, de 16 de febrero, sobre entrada, libre circulación y residencia en España de ciudadanos de los Estados miembros de la Unión Europea y de otros Estados parte en el Acuerdo sobre el Espacio Económico Europeo, no siendo preciso que tales extranjeros "mantengan un vínculo de convivencia estable y permanente" con sus cónyuges españoles, tal y como señaló el TS, en su Sentencia de 10 de junio de 2004[61]; o, c) lograr la reagrupación familiar de nacionales de terceros Estados. En efecto, el cónyuge extranjero del ciudadano extranjero puede ser "reagrupado" así lo establece el artículo 53 del Real Decreto 557/2011, de 20 de abril, por el que se aprueba el Reglamento de la Ley Orgánica 4/2000, sobre derechos y libertades de los extranjeros en España y su integración social.

---

61 *Vid.*, en este sentido, A. ORTEGA GIMÉNEZ, y L. S. HEREDIA SÁNCHEZ, "El nuevo estatuto jurídico de los ciudadanos comunitarios en España", en *IURIS. Actualidad y Práctica del Derecho,* Nº 116, mayo 2007, pp. 50-59.

La respuesta jurídica a estos "matrimonios de conveniencia." es la de declararlos nulos, ante la falta de consentimiento matrimonial.

Son varios los indicios a señalar que pueden probar la existencia de un "matrimonio de conveniencia"[62]:

- El desconocimiento de circunstancias personales y familiares del otro contrayente, deducidas de la audiencia por separado ante el Encargado del Registro Civil[63].
- Las discrepancias entre las declaraciones de ambos contrayentes, en la audiencia por separado ante el Encargado del Registro Civil, sobre hechos tales como el día en que conocieron, la forma en que se conocieron, la profesión, la

---

62 *Vid.*, en sentido amplio, S. SÁNCHEZ LORENZO, "La inconveniente doctrina de la DGRN acerca de los matrimonios de conveniencia", *Derecho registral internacional. Homenaje a la memoria del Profesor Rafael Arroyo Montero*, Madrid, Iprolex, 2003, pp. 252-262.

63 Así, p. ej., la Resolución de la DGRN de 21 de septiembre de 2011, una mujer de nacionalidad española y un hombre de nacionalidad nigeriana, presentan escrito ante el Registro Civil de Murcia, para iniciar expediente en solicitud de autorización para contraer matrimonio civil. Ratificados los solicitantes, se procede a celebrar las entrevistas en audiencia privada. El Ministerio Fiscal se opone a la autorización del matrimonio y el encargado del Registro Civil, resuelve mediante auto denegando la autorización del enlace. De las audiencias, se puede observar que ambos contrayentes no comparten una lengua común, pues ambos declaran que ella solo habla español y que está estudiando inglés, mientras que él apenas se expresa en español. Por otro lado, es patente el desconocimiento mutuo de circunstancias personales importantes, como que él desconoce la fecha y el lugar de nacimiento de ella, no está seguro de su primer apellido y desconoce el segundo. Por parte de ella, no expresa correctamente ni el nombre ni el apellido de su pareja, además desconoce el nombre del padre y los hermanos de él.

existencia de hijos anteriores al matrimonio u otras circunstancias personales y familiares[64].

- La superficialidad de la relación, consecuencia de haberse conocido a través de un intermediario, o unos días antes de la celebración del matrimonio[65].
- La imposibilidad de comunicación a través de una lengua común[66].

---

64 Así, p. ej., la Resolución de la DGRN, de 19 de junio de 1999, en la que se probó que los contrayentes se conocieron personalmente cuatro días antes de la boda y antes por medio de unas amigas de ella que viven en España; antes de conocerse personalmente ya habían decidido la boda por teléfono; ella desconoce el domicilio de su esposo, cuál fue su profesión, el lugar de su nacimiento, el nombre de su madre y los nombres y edades de sus hermanos; él por su parte tampoco supo decir el nombre de su suegra, el domicilio de su esposa y su número de teléfono.

65 Así, p. ej., la Resolución de la DGRN, de 23 de marzo de 1996, en la que se consideró "matrimonio de conveniencia" el caso de aquellos contrayentes que se conocieron por teléfono y sólo se vieron tres días antes de la celebración del matrimonio; que uno y otro ignoraban datos elementales sobre la vida de cada uno; que ella nunca había viajado a España; que él era la primera vez que había viajado a la República Dominicana y, sin conocer a la interesada, vino provisto de certificado de nacimiento y de la fe de soltería, y que el mismo no recuerda incluso cuándo y dónde había sido celebrado el matrimonio.

66 Así, p. ej., la Resolución de la DGRN de 21 de julio de 2011, una mujer de doble nacionalidad, española y colombiana junto a un hombre de nacionalidad japonesa, solicitan ante el consulado español en Tokio una autorización para contraer matrimonio civil. Sin haber testigo alguno que acredite la veracidad de la relación se procede a celebrar las entrevistas en audiencia privada. Previo informe desfavorable por parte del Ministerio Fiscal, la encargada del Registro deniega la autorización por falta de consentimiento matrimonial. De las entrevistas celebradas en audiencia privada se concluye que, [la pareja no tiene una lengua común, ya que ambos han reconocido que solo hablan la lengua de sus países de origen respectivamente, español ella y japonés él. Además, existe un gran desconocimiento mutuo sobre importantes circunstancias personales, el interesado desconoce el origen colom-

– La situación de irregularidad del contrayente extranjero[67].

– La diferencia notable de edad[68].

– Las confesiones de los contrayentes, que supongan una confesión de la simulación del matrimonio[69].

---

biano de ella, así como sus aficiones, las cuales según él son el ordenador y las discotecas mientras que ella declara que le gusta ver tenis en televisión. Así mismo ella desconoce sobre él, los hijos que tiene y qué estudios posee, además al ser preguntada por las aficiones de él, ella asegura que le gusta el golf mientras que él dice que le gustan los billares japoneses.

67 Así, p. ej., la Resolución de la DGRN, de 5 de diciembre de 1996, relativa a un expediente para contraer matrimonio civil entre cubano y española, cuya celebración fue denegada por el Encargado del Registro Civil, por entender que no existe verdadero consentimiento matrimonial sino la intención de obtener por parte del contrayente la residencia española.

68 Así, p. ej., la Resolución de la DGRN de 10 de octubre de 2012, mediante escrito civil presentado en el Registro Civil de Algeciras, un hombre de nacionalidad española y una mujer de nacionalidad paraguaya, inician expediente de solicitud. de autorización para contraer matrimonio civil. Ratificados los interesados, comparece un testigo elegido por el instructor entre los propuestos por los solicitantes, dicho testigo declara que tiene el pleno convencimiento de que el matrimonio no incurre en prohibición legal alguna. Se celebran las entrevistas en audiencia reservada. El Ministerio Fiscal informa de manera desfavorable sobre las entrevistas y el encargado del Registro resuelve dictando auto que deniega la autorización del matrimonio proyectado. De las audiencias reservadas se desprende un desconocimiento mutuo de información personal, el interesado desconoce el nombre completo de la interesada, también desconoce la fecha y el lugar de nacimiento de la interesada, desconocen, además, el número de hermanos de ambos y circunstancias de los mismos, a ello hay que sumar la gran diferencia de edad entre ambos, 52 años.

69 Así, p. ej., en la Resolución de la DGRN, de 25 de junio de 1997, se señala que el contrayente extranjero, al conocer que la contrayente española era invidente, le participa al Encargado del Registro Civil "que era igual, aunque fuese una vieja, que lo que deseaba era salir de su país".

- Por otro lado, indicios tales como los siguientes, pueden probar la validez del matrimonio[70]:
- La existencia de hijos comunes, o el hecho de que la mujer esté embarazada[71].
- La residencia legal del contrayente extranjero en España o en cualquier otro país de la UE[72].
- El conocimiento de circunstancias personales y familiares del otro contrayente.
- Las concordancias entre las declaraciones de ambos contrayentes.
- La posibilidad de comunicación a través de una lengua común.

Además, deben considerarse intrascendentes circunstancias tales como "que el contrayente extranjero se encuentre en prisión[73], haberse conocido a través de internet[74], tener preparada la documentación para el expediente matrimonial antes de que el contrayente extranjero venga a España y conozca al contrayente español[75], o el hecho de contraer matrimonio por poderes[76]"[77].

---

70 En sentido amplio, S. SÁNCHEZ LORENZO, "La inconveniente doctrina de la DGRN acerca de los matrimonios de conveniencia", citado, pp. 262-265.

71 Así, p. ej. las Resoluciones de la DGRN, de 18 de enero de 1999, de 15 de junio de 1999, de 18 de octubre de 1999, de 13 de enero de 2000, de 3 de julio de 2001.

72 Así, p. ej., las Resolución de la DGRN, de 27 de septiembre de 2000, y de 25 de octubre de 2000.

73 *Vid.* Resolución de la DGRN, de 11 de enero de 2000.

74 *Vid.* Resolución de la DGRN, de 3 de marzo de 2000.

75 *Vid.* Resolución de la DGRN, de 3 de marzo de 2000.

76 *Vi.* Resolución de la DGRN, de 19 de octubre de 1998.

77 *Vid.* S. SÁNCHEZ LORENZO, "La inconveniente doctrina de la DGRN acerca de los matrimonios de conveniencia", *Derecho registral internacional. Homenaje a la memoria del Profesor Rafael Arroyo Montero,* Iprolex, Madrid, 2003, pp. 265-266.

Si bien es cierto que, en ocasiones los indicios nos llevan a afirmar que nos encontramos (o nos podemos encontrar) ante un "matrimonios de conveniencia", será el Encargado del Registro Civil, la autoridad competente para decidir sobre la celebración o inscripción de un matrimonio.

Analicemos cada uno de esos indicios, por separado:

A) Existencia de imposibilidad de comunicación puesto que ambos cónyuges no hablan el mismo idioma.

a) Resolución de la DGRN de 23 de agosto de 2012[78].

---

[78] **Resolución de 23 de agosto de 2012 (26ª)** IV.2.1.-Autorización de matrimonio *Se deniega porque hay datos objetivos bastantes para deducir la ausencia de consentimiento matrimonial.* En el expediente sobre autorización para contraer matrimonio remitido a este Centro en trámite de recurso, por virtud del entablado por los interesados, contra auto de la encargada del Registro Civil de Vic.
HECHOS
1.- Mediante escrito presentado en el Registro Civil, Don J. nacido en España y de nacionalidad española y Doña L. nacida en China y de nacionalidad china, iniciaban expediente en solicitud de autorización para contraer matrimonio civil. Se acompañaba la siguiente documentación: certificado de nacimiento, certificado de matrimonio con inscripción marginal de divorcio y volante de empadronamiento del interesado y pasaporte, acta notarial de nacimiento, acta notarial de no matrimonio y volante de empadronamiento de la interesada.
2.- Ratificados los interesados, comparecen tres testigos que manifiestan que tienen el pleno convencimiento de que el matrimonio proyectado no incurre en prohibición legal alguna. Se celebran las entrevistas en audiencia reservada. El Ministerio Fiscal informa es favorablemente. La encargada del Registro Civil mediante auto de fecha 30 de marzo de 010 no autoriza la celebración del matrimonio proyectado.
3.- Notificados los interesados éstos interponen recurso ante la Dirección General de los registros y del Notariado, volviendo a solicitar autorización para contraer matrimonio.

4.-Notificado el Ministerio Fiscal, éste se opone al recurso interpuesto y solicita la confirmación en la resolución recurrida por sus propios fundamentos. La encargada ordena la remisión del expediente a la Dirección General de los Registros y del Notariado para la resolución del recurso.

FUNDAMENTOS DE DERECHO

I.- Vistos los artículos 16 de la Declaración Universal de Derechos Humanos; 12 del Convenio e Roma de 4 de noviembre de 1950, sobre protección de los derechos humanos y de las libertades fundamentales; 23 del Pacto Internacional de Nueva York de 19 de diciembre de 1966 e derechos civiles y políticos; la resolución del Consejo de la Unión Europea de 4 de diciembre de 1997 sobre las medidas que deberán adoptarse en materia de lucha contra los matrimonios fraudulentos; los artículos 10, 14 y 32 de la Constitución; 3, 6, 7, 44, 45, 73 y 74 del Código civil; 86 de la Ley de Enjuiciamiento Civil; 238, 245, 246, 247 y 358 del Reglamento del Registro Civil; a Instrucción de 9 de enero de 1995; la Instrucción de 31 de enero de 2006; y las resoluciones, entre otras, de 30-2ª de diciembre de 2005; 31-3ª de mayo, 27-3ª y 4ª de junio, 10-4ª, 13-1ª y 20- ª de julio, 1-4ª, 7-3ª y 9-2ª de septiembre, 9-1ª, 3ª y 5ª de octubre, 14-2ª, 5ª y 6ª de noviembre 13-4ª y 5ª de diciembre de 2006; 25-1ª, 3ª y 4ª de enero, 2-1ª , 22-2ª, 27-3ª y 28-4ª de febrero, 0-5ª de abril, 28-6ª y 30-4ª de mayo, 11-3ª y 4ª, 12-3ª de septiembre, 29-4ª y 6ª de noviembre, 4-1ª y 4ª y 26-5ª de diciembre de 2007, 24-4ª de abril y 19-2ª de diciembre de 2008.

II.- En el expediente previo para la celebración del matrimonio es un trámite imprescindible a audiencia personal, reservada y por separado de cada contrayente, que debe efectuar l Instructor, asistido del secretario, para cerciorarse de la inexistencia del impedimento de ligamen o de cualquier otro obstáculo legal para la celebración (cfr. artículo 246 RRC).

III.- La importancia de este trámite ha aumentado en los últimos tiempos, especialmente n los matrimonios entre español y extranjero, en cuanto que por él puede en ocasiones descubrirse el verdadero propósito fraudulento de las partes, que no desean en realidad ligarse con el vínculo matrimonial, sino aprovecharse de la apariencia matrimonial para obtener las ventajas que del matrimonio resultan para el extranjero. Si, a través de este trámite o de otros medios, el encargado llega a la convicción de que existe simulación, no debe autorizar un matrimonio nulo por falta de verdadero consentimiento matrimonial (cfr. artículos 45 y 73-1º C.c.).

Un hombre de nacionalidad española y una mujer de nacionalidad china solicitan autorización para contraer matrimonio civil. Se acompaña la documentación pertinente y acto posterior comparecen 3 testigos que manifiestan que no tienen conocimiento alguno de que el matrimonio incurra en una prohibición legal. Posteriormente se celebran las entrevistas a los cónyuges

---

IV.- Ahora bien, las dificultades prácticas de la prueba de la simulación son sobradamente conocidas. No existiendo normalmente pruebas directas de ésta, es casi siempre necesario acudir a la prueba de presunciones, es decir, deducir de un hecho o de unos hechos demostrados, mediante un enlace preciso y directo según las reglas del criterio humano, la usencia de consentimiento que se trata de probar (cfr. artículo 386 LEC).
V.- En el caso actual se trata de la solicitud de autorización para contraer matrimonio civil en España entre un ciudadano español y una ciudadana china y de las audiencias reservadas se desprenden determinados hechos objetivos de los que cabe deducir que el matrimonio que se pretende celebrar no persigue los fines propios de esta institución. No tienen idioma común a que la interesada necesitó de un traductor en la audiencia reservada, que se le practicó, desconociendo el idioma español, en este sentido uno de los motivos que la resolución arriba citada del Consejo de la Unión Europea señala como factor que permite presumir la existencia de un matrimonio de complacencia es el hecho de que los contrayentes no tengan idioma común y eso es, precisamente, lo que sucede en este caso. La interesada declara que estuvieron una temporada viviendo en casa de los padres de él, sin embargo, el interesado no menciona esta circunstancia, afirmando que se fueron a vivir juntos en septiembre de 2009. Ella declara que está en España desde 2006, vivió en V. entre 2006 y 2008, en este año se fue a M. a trabajar, aquí estuvo trabajando en una fábrica, y después en septiembre de 2009 volvió a V., sin embargo, el interesado desconoce esta circunstancia porque manifiesta que ella vivió en A., en B. y después en V., desconociendo que ella trabajara en una fábrica en. Ella desconoce que él está en paro declarando que trabaja en una empresa de sofás; él declara que ella es budista y él católico mientras que ella se declara atea. Ambos desconocen os estudios que tiene cada uno. No aportan pruebas de su relación. Esta Dirección ha acordado, de conformidad con la propuesta reglamentaria, desestimar el recurso interpuesto y confirmar el auto apelado.

mediante audiencias reservadas. Finalmente, la encargada del Registro Civil deniega la autorización al considerar que existen indicios de falta de consentimiento.

De las audiencias se desprende que "ambos cónyuges desconocen aspectos personales y familiares de ellos mismos tales como el trabajo que desempeñan o que estudios posee uno y otro", además "él declara que ella es budista y ella dice que es atea". No obstante, esto, no mantienen una lengua en común puesto que se hizo preciso la presencia de una intérprete para que la audiencia se pudiera realizar satisfactoriamente, por lo que existía una cierta imposibilidad para comunicarse entre ellos puesto que él "no hablaba chino".

b) Resolución de la DGRN de 20 de noviembre de 2015[79].

---

[79] **Resolución de 20 de noviembre de 2015 (4ª)**
IV.2.1 Autorización de matrimonio *Se deniega porque hay datos objetivos bastantes para deducir la ausencia de consentimiento matrimonial.* En el expediente sobre autorización para contraer matrimonio remitido a este Centro en trámite de recurso, por virtud del entablado por los interesados, contra auto del Encargado del Registro Civil de Mula.
HECHOS
1.- Mediante escrito presentado en el Registro Civil, Don M. P. A. nacido en España y de nacionalidad española y Doña K. L. A. nacida en Bulgaria y de nacionalidad búlgara, solicitaban autorización para contraer matrimonio. Se acompañaba la siguiente documentación: certificado de nacimiento, certificado de matrimonio con inscripción marginal de divorcio y volante de empadronamiento del interesado y certificado de nacimiento, certificado de divorcio y volante de empadronamiento de la interesada.
2.- Ratificados los interesados, comparecen dos testigos que manifiestan que tienen el convencimiento de que el matrimonio proyectado no incurre en prohibición legal alguna. Se celebran las entrevistas en audiencia reservada. El Ministerio Fiscal se opone al matrimonio proyectado. El Encargado del Registro Civil mediante auto de fecha 19 de diciembre de 2014 no autoriza la celebración del matrimonio.
3.- Notificados los interesados, éstos interponen recurso ante la Dirección General de los Registros y del Notariado, volviendo a solicitar la autorización para contraer matrimonio.

4.- Notificado el Ministerio Fiscal, éste interesa la desestimación del recurso interpuesto. El Encargado del Registro Civil remite el expediente a la Dirección General de los Registros y del Notariado para su resolución.
FUNDAMENTOS DE DERECHO
I.- Vistos los artículos 16 de la Declaración Universal de Derechos Humanos; 12 del Convenio de Roma de 4 de noviembre de 1950, sobre protección de los derechos humanos y de las libertades fundamentales; 23 del Pacto Internacional de Nueva York de 19 de diciembre de 1966 de derechos civiles y políticos; la resolución del Consejo de la Unión Europea de 4 de diciembre de 1997 sobre las medidas que deberán adoptarse en materia de lucha contra los matrimonios fraudulentos; los artículos 10, 14 y 32 de la Constitución; 3, 6, 7, 44, 45, 73 y 74 del CC; 386 de la LEC; 238, 245, 246, 247 y 358 del Reglamento del Registro Civil; la Instrucción de 9 de enero de 1995; la Instrucción de 31 de enero de 2006; y las resoluciones, entre otras, de 30-2ª de diciembre de 2005; 31-3ª de mayo, 27-3ª y 4ª de junio, 10-4ª, 13-1ª y 20-3ª de julio, 1-4ª, 7-3ª y 9-2ª de septiembre, 9-1ª, 3ª y 5ª de octubre, 14-2ª, 5ª y 6ª de noviembre y 13-4ª y 5ª de diciembre de 2006; 25-1ª, 3ª y 4ª de enero, 2-1ª , 22-2ª, 27-3ª y 28-4ª de febrero, 30-5ª de abril, 28-6ª y 30-4ª de mayo, 11-3ª y 4ª, 12-3ª de septiembre, 29-4ª y 6ª de noviembre, 14-1ª y 4ª y 26-5ª de diciembre de 2007, 24-4ª de abril y 19-2ª de diciembre de 2008.
II.- En el expediente previo para la celebración del matrimonio es un trámite imprescindible la audiencia personal, reservada y por separado de cada contrayente, que debe efectuar el Instructor, asistido del Secretario, para cerciorarse de la inexistencia del impedimento de ligamen o de cualquier otro obstáculo legal para la celebración (cfr. artículo 246 R.R.C.).
III.- La importancia de este trámite ha aumentado en los últimos tiempos, especialmente en los matrimonios entre español y extranjero, en cuanto que por él puede en ocasiones descubrirse el verdadero propósito fraudulento de las partes, que no desean en realidad ligarse con el vínculo matrimonial, sino aprovecharse de la apariencia matrimonial para obtener las ventajas que del matrimonio resultan para el extranjero. Si, a través de este trámite o de otros medios, el Encargado llega a la convicción de que existe simulación, no debe autorizar un matrimonio nulo por falta de verdadero consentimiento matrimonial (cfr. artículos 45 y 73-1º CC).
IV.- Ahora bien, las dificultades prácticas de la prueba de la simulación son sobradamente conocidas. No existiendo normalmente pruebas directas de ésta, es casi siempre necesario acudir a la prueba

Un ciudadano de nacionalidad española y una mujer de nacionalidad búlgara solicitan autorización para contraer matrimonio civil. Se adjunta la documentación legalmente exigida para ello y comparecen dos personas en calidad de testigos que manifiestan que el matrimonio proyectado no incurre en ilegalidad alguna. Se procede a las entrevistas mediante audiencia reservada de los cónyuges y finalmente el encargado del Registro Civil deniega su autorización por falta de consentimiento.

De las audiencias reservadas se desprende lo siguiente "la interesada no habla prácticamente español y desconoce aspectos esenciales de la vida del interesado". Él, por su parte, "solo habla español" y aunque se señala que no es determinante el interesado

---

de presunciones, es decir, deducir de un hecho o de unos hechos demostrados, mediante un enlace preciso y directo según las reglas del criterio humano, la ausencia de consentimiento que se trata de probar (cfr. artículo 386 LEC).
V.- En el caso actual se trata de la solicitud de autorización para contraer matrimonio civil entre un ciudadano español y una ciudadana búlgara y de las audiencias reservadas se desprenden determinados hechos objetivos de los que cabe deducir que el matrimonio que se pretende celebrar no persigue los fines propios de esta institución. La interesada prácticamente no habla español, lo que hace que responda con monosílabos a las preguntas que se le hacen, el interesado habla tan sólo español, en este sentido uno de los motivos que la resolución arriba citada del Consejo de la Unión Europea señala como factor que permite presumir la existencia de un matrimonio de complacencia es el hecho de que los contrayentes no tengan idioma común y eso es, precisamente, lo que sucede en este caso. Según el interesado los presentó una hermana. La interesada no contesta a las preguntas referidas a los hijos de cada uno, cuál es su profesión, salario del interesado, nombres de padres y hermanos, tanto suyos como del promotor, tiempo que llevan de noviazgo, cuando y donde decidieron contraer matrimonio, etc. Ella dice que no tienen canción que sea especial para los dos, sin embargo, él dice que tienen una canción de El P. Por otro lado, el interesado es 17 años mayor que ella. No presentan pruebas de su relación. Esta Dirección General, a propuesta del Subdirector General de Nacionalidad y Estado Civil, ha acordado, desestimar el recurso interpuesto y confirmar la resolución apelada.

es 17 años mayor que ella, además de no presentar prueba de su relación.

c) Resolución de la DGRN de 9 de mayo de 2013[80].

---

80 **Resolución de 09 de mayo de 2013 (31ª)** IV.2.1-Autorización de matrimonio *Se deniega porque hay datos objetivos bastantes para deducir la ausencia de consentimiento matrimonial* En el expediente sobre autorización para contraer matrimonio remitido a este Centro en trámite de recurso, por virtud del entablado por los interesados, contra auto de la encargada del Registro Civil de El Vendrell.
HECHOS
1.- Mediante escrito presentado en el Registro Civil, Don J. nacido en España y de nacionalidad española, y Doña L. nacida en Marruecos y de nacionalidad marroquí, iniciaban expediente en solicitud de autorización para contraer matrimonio. Se acompañaba la siguiente documentación: certificado de nacimiento, certificado de matrimonio con inscripción marginal de divorcio y volante de empadronamiento del interesado y pasaporte, extracto de acta de nacimiento, inscripción de una sentencia de divorcio y volante de empadronamiento de la interesada.
2.- Ratificados los interesados, comparece un testigo que manifiesta que tiene el pleno convencimiento de que el matrimonio proyectado no incurre en prohibición legal alguna. Se celebran las entrevistas en audiencia reservada. El Ministerio Fiscal informa desfavorablemente. La encargada del Registro Civil mediante auto de fecha 25 de octubre de 2010 no autoriza la celebración del matrimonio.
3.- Notificados los interesados, éstos interponen recurso ante la Dirección General de los Registros y del Notariado, volviendo a solicitar la autorización para contraer matrimonio.
4.-Notificado el Ministerio Fiscal, éste interesa la desestimación del recurso interpuesto y la confirmación de la resolución recurrida. La encargada ordena la remisión del expediente a la Dirección General de los Registros y del Notariado para la resolución del recurso.
FUNDAMENTOS DE DERECHO
I.- Vistos los artículos 16 de la Declaración Universal de Derechos Humanos; 12 del Convenio de Roma de 4 de noviembre de 1950, sobre protección de los derechos humanos y de las libertades fundamentales; 23 del Pacto Internacional de Nueva York de 19 de diciembre de 1966 de derechos civiles y políticos; la resolución del Consejo de la Unión Europea de 4 de diciembre de 1997 sobre las medidas que deberán

adoptarse en materia de lucha contra los matrimonios fraudulentos; los artículos 10, 14 y 32 de la Constitución; 3, 6, 7, 44, 45,73 y 74 del Código civil; 386 de la Ley de Enjuiciamiento Civil; 238, 245, 246, 247 y 358 del Reglamento del Registro Civil; la Instrucción de 9 de enero de 1995; la Instrucción de 31 de enero de 2006; y las resoluciones, entre otras, de 30-2ª de diciembre de 2005; 31-3ª de mayo, 27-3ª y 4ª de junio, 10-4ª, 13-1ª y 20-3ª de julio, 1-4ª, 7-3ª y 9-2ª de septiembre, 9-1ª,3ª y 5ª de octubre, 14-2ª, 5ª y 6ª de noviembre y 13-4ª y 5ª de diciembre de 2006; 25-1ª, 3ª y 4ª de enero, 2-1ª , 22-2ª, 27-3ª y 28-4ª de febrero, 30-5ª de abril, 28-6ª y 30-4ª de mayo, 11-3ª y 4ª, 12-3ª de septiembre, 29-4ª y 6ª de noviembre, 14-1ª y 4ª y 26-5ª de diciembre de 2007, 24-4ª de abril y 19-2ª de diciembre de 2008.

II.- En el expediente previo para la celebración del matrimonio es un trámite imprescindible la audiencia personal, reservada y por separado de cada contrayente, que debe efectuar el Instructor, asistido del Secretario, para cerciorarse de la inexistencia del impedimento de ligamen o de cualquier otro obstáculo legal para la celebración (cfr. Artículo 246 R.R.C.).

III.- La importancia de este trámite ha aumentado en los últimos tiempos, especialmente en los matrimonios entre español y extranjero, en cuanto que por él puede en ocasiones descubrirse el verdadero propósito fraudulento de las partes, que no desean en realidad ligarse con el vínculo matrimonial, sino aprovecharse de la apariencia matrimonial para obtener las ventajas que del matrimonio resultan para el extranjero. Si, a través de este trámite o de otros medios, el Encargado llega a la convicción de que existe simulación, no debe autorizar un matrimonio nulo por falta de verdadero consentimiento matrimonial (cfr. Artículos 45 y 73-1º CC.).

IV.- Ahora bien, las dificultades prácticas de la prueba de la simulación son sobradamente conocidas. No existiendo normalmente pruebas directas de ésta, es casi siempre necesario acudir a la prueba de presunciones, es decir, deducir de un hecho o de unos hechos demostrados, mediante un enlace preciso y directo según las reglas del criterio humano, la ausencia de consentimiento que se trata de probar (cfr. Artículo 386 LEC.).

V.- En el caso actual se trata de la solicitud de autorización para contraer matrimonio civil en España entre un ciudadano español y una ciudadana marroquí, y de las audiencias reservadas se desprenden determinados hechos objetivos de los que cabe deducir que el matrimonio que se pretende celebrar no persigue los fines propios de esta institu-

Un ciudadano de nacionalidad española y una ciudadana de nacionalidad marroquí solicitan autorización para contraer matrimonio civil. Se adjunta la documentación pertinente y comparece un testigo que manifiesta que tiene el pleno convencimiento de que el matrimonio proyectado no incurre en prohibición legal alguna. Se celebran las audiencias reservadas con los cónyuges. El Ministerio Fiscal emite desfavorablemente y la encargada del Registro Civil deniega la celebración del matrimonio.

De las audiencias reservadas se desprende que "no tienen idioma en común, puesto que como se pudo observar la interesada no habla español", por su parte, la interesada desconoce la enfermedad que padece el interesado, a su vez, discrepan en "sobre cómo van a atender los gastos familiares", por último y aunque no resulta determinante, en interesado es 16 años mayor que la interesada.

---

ción. No tienen idioma común, la interesada no habla español como se pudo observar en la entrevista realizada ya que necesitó un intérprete, en este sentido uno de los motivos que la resolución arriba citada del Consejo de la Unión Europea señala como factor que permite presumir la existencia de un matrimonio de complacencia es el hecho de que los contrayentes no tengan idioma común, y eso es, precisamente, lo que sucede en este caso. Ambos coinciden en declarar que se conocieron en T. en casa de un amigo suyo, la interesada manifiesta que ella se quería casar y los reunió a los dos, el mismo día comenzó la relación sentimental y se fueron a vivir juntos. La interesada desconoce la enfermedad que padece el interesado; discrepan en si han hablado sobre como atenderán los gastos familiares ya que ella dice que no y él dice que sí. El interesado desconoce los nombres de los hermanos e hijos de ella, el interesado dice que los tres hijos de ella viven con la familia de ella en Marruecos mientras que ella declara que viven con su padre. Discrepan en gustos, aficiones y estudios de cada uno. La interesada dice que no tiene tarjeta de residencia. No presentan pruebas de su relación. Por otro lado, y aunque no es determinante el interesado es 16 años mayor que la interesada. Esta Dirección General, a propuesta del Subdirector General de Nacionalidad y Estado Civil, ha acordado: desestimar el recurso interpuesto y confirmar la resolución apelada.

d) Resolución de la DGRN de 31 de julio de 2015[81].

---

81 **Resolución de 31 de Julio de 2015 (15ª)** IV.2.1 Autorización de matrimonio. *Se deniega porque hay datos objetivos bastantes para deducir la ausencia de consentimiento matrimonial.* En el expediente sobre autorización para contraer matrimonio remitido a este Centro en trámite de recurso, por virtud del entablado por los interesados, mediante representante legal, contra auto del Encargado del Registro Civil de Tarragona.
HECHOS
1.- Mediante escrito presentado en el Registro Civil, Don E. J. A. nacido en España y de nacionalidad española y Doña M. K. nacida en China y de nacionalidad china, solicitaban la autorización para contraer matrimonio civil. Se acompañaba la siguiente documentación: certificado de nacimiento, declaración jurada de estado civil y volante de empadronamiento del interesado y certificado de nacimiento, certificado de divorcio y volante de empadronamiento de la interesada.
2.- Ratificados los interesados, comparece un testigo que manifiesta que tiene el convencimiento de que el matrimonio proyectado no incurre en prohibición legal alguna. Se celebran las entrevistas en audiencia reservada. El Ministerio Fiscal no se opone al matrimonio proyectado. El Encargado del Registro Civil mediante auto de fecha 29 de octubre de 2014 no autoriza la celebración del matrimonio.
3.- Notificados los interesados, éstos, mediante representante legal, interponen recurso ante la Dirección General de los Registros y del Notariado, volviendo a solicitar la autorización para contraer matrimonio.
4.- Notificado el Ministerio Fiscal, éste se adhiere al recurso interpuesto. El Encargado del Registro Civil remite el expediente a la Dirección General de los Registros y del Notariado para su resolución.
FUNDAMENTOS DE DERECHO
I.- Vistos los artículos 16 de la Declaración Universal de Derechos Humanos; 12 del Convenio de Roma de 4 de noviembre de 1950, sobre protección de los derechos humanos y de las libertades fundamentales; 23 del Pacto Internacional de Nueva York de 19 de diciembre de 1966 de derechos civiles y políticos; la resolución del Consejo de la Unión Europea de 4 de diciembre de 1997 sobre las medidas que deberán adoptarse en materia de lucha contra los matrimonios fraudulentos; los artículos 10, 14 y 32 de la Constitución; 3, 6, 7, 44, 45, 73 y 74 del Código Civil; 386 de la Ley de Enjuiciamiento Civil; 238, 245, 246, 247 y 358 del Reglamento del Registro Civil; la Instrucción de 9 de enero de 1995; la Instrucción de 31 de enero de 2006; y las resoluciones, entre otras, de 30-2ª de diciembre de 2005; 31-3ª de mayo, 27-3ª y 4ª de junio,

10-4ª, 13-1ª y 20-3ª de julio, 1-4ª, 7-3ª y 9-2ª de septiembre, 9-1ª, 3ª y 5ª de octubre, 14-2ª, 5ª y 6ª de noviembre y 13-4ª y 5ª de diciembre de 2006; 25-1ª, 3ª y 4ª de enero, 2-1ª , 22-2ª, 27-3ª y 28-4ª de febrero, 30-5ª de abril, 28-6ª y 30-4ª de mayo, 11-3ª y 4ª, 12-3ª de septiembre, 29-4ª y 6ª de noviembre, 14-1ª y 4ª y 26-5ª de diciembre de 2007, 24-4ª de abril y 19-2ª de diciembre de 2008.

II.- En el expediente previo para la celebración del matrimonio es un trámite imprescindible la audiencia personal, reservada y por separado de cada contrayente, que debe efectuar el Instructor, asistido del Secretario, para cerciorarse de la inexistencia del impedimento de ligamen o de cualquier otro obstáculo legal para la celebración (*cfr.* artículo 246 RRC).

III.- La importancia de este trámite ha aumentado en los últimos tiempos, especialmente en los matrimonios entre español y extranjero, en cuanto que por él puede en ocasiones descubrirse el verdadero propósito fraudulento de las partes, que no desean en realidad ligarse con el vínculo matrimonial, sino aprovecharse de la apariencia matrimonial para obtener las ventajas que del matrimonio resultan para el extranjero. Si, a través de este trámite o de otros medios, el Encargado llega a la convicción de que existe simulación, no debe autorizar un matrimonio nulo por falta de verdadero consentimiento matrimonial (*cfr.* artículos 45 y 73-1º CC).

IV.- Ahora bien, las dificultades prácticas de la prueba de la simulación son sobradamente conocidas. No existiendo normalmente pruebas directas de ésta, es casi siempre necesario acudir a la prueba de presunciones, es decir, deducir de un hecho o de unos hechos demostrados, mediante un enlace preciso y directo según las reglas del criterio humano, la ausencia de consentimiento que se trata de probar (*cfr.* artículo 386 LEC).

V.- En el caso actual se trata de la solicitud de autorización para contraer matrimonio civil entre un ciudadano español y una ciudadana china y de las audiencias reservadas se desprenden determinados hechos objetivos de los que cabe deducir que el matrimonio que se pretende celebrar no persigue los fines propios de esta institución. A tenor de lo manifestado en las audiencias, no tienen idioma común, la interesada fue asistida por intérprete al no comprender el español, y aunque dice que se comunican en inglés también declaran que es por medio de un traductor de internet, en este sentido uno de los motivos que la resolución arriba citada del Consejo de la Unión Europea señala como factor que permite presumir la existencia de un matrimonio de

Un hombre de nacionalidad española y una mujer de nacionalidad china solicitan autorización para contraer matrimonio

---

complacencia es el hecho de que los contrayentes no se tengan idioma común y eso es, precisamente, lo que sucede en este caso. El interesado declara que viven juntos desde diciembre de 2013 y ella dice que, desde noviembre de 2013, existiendo alguna contradicción en lo referente a la distribución de la casa como por ejemplo como es uno de los baños y si tiene o no salón. El interesado dice que está en paro pero que trabajó en una gasolinera durante siete años, ella dice que fueron diez años. El interesado dice que tiene un piso alquilado en G. por el que percibe 600 euros, sin embargo, ella dice que él percibe por este piso un alquiler de 1000 euros y por semana 500 euros. Ella desconoce cómo se llama uno de los sobrinos del interesado (dice L. cuando es R.) y dice que la hermana del interesado está casada cuando está divorciada. Existen discordancias en lo relativo a los horarios de desayunos, comidas y cena, así ella dice que se levantan a las 8.00 horas y desayunan juntos, sin embargo él dice que ella se levanta entre las 8.30 y 9.00 y él se levanta entre las 9.30 y 10.00 horas; ella dice que comen juntos a las 14.00 horas, mientras que él dice que ella come a las 13.00 horas y él a las 14.00 horas, y la cena, según él la hacen ella entre 18.00 horas y 19.00 horas y él una hora más tarde, declarando que después ven la televisión y ella suele ver canales chinos, sin embargo ella dice que después de cenar salen a pasear. La interesada declara que él tiene un móvil de la marca S. sin conexión a internet, y que ella no tiene móvil, sin embargo, él declara que tiene un móvil S. sin conexión a internet y antes tenía un S. con conexión a internet y que ella tiene un móvil N. con internet. También difieren en lo relativo a los regalos que se han hecho ya que él dice que él le ha regalado a ella unos zapatos, un collar "varosky", unas bambas negras y ella a él una camiseta de color negro y otra verde, sin embargo, ella dice que él le regaló una cadena y pulsera y un reloj negro IV. Matrimonio sumergible, y ella a él una chaqueta, una camiseta y una moto de segunda mano por la que paga mensualmente 200 euros y que la paga de sus ahorros. Ella declara que no tiene tatuajes, ni piercings, ni él tampoco, sin embargo, él dice que ella tiene un tatuaje en la cicatriz de la cesárea. Él dice que no sabe si ella se depila o no porque no la ha visto nunca, ella dice que no se depila. Desconocen los estudios que tienen, amigos, ella desconoce donde viven los hijos de él, etc. El interesado declara que quieren casarse para poder tener la libertad de viajar ya que ella tiene muchos problemas para viajar porque tiene que pedir un visado en su Consulado. No aportan pruebas concluyentes de su relación.

civil. Se acompaña la documentación pertinente y comparece un testigo que manifiesta que tiene convencimiento de que el matrimonio proyectado no incurre en prohibición legal alguna. Tras la celebración de las audiencias reservadas a las partes, el encargado del Registro Civil deniega la autorización.

De las audiencias se desprende que "no mantienen un idioma en común que les permita mantener una relación de afectividad, pues que ella no habla español". Además, ella manifiesta que "se comunican en inglés, pero mediante un traductor de internet". No obstante, esto, discrepan en cuanto a la distribución de la casa donde dicen que viven juntos y "desconocen los horarios a los que normalmente suelen desayunar, comer y cenar".

B. Desconocimiento de circunstancias personales y familiares del otro cónyuge.

a) Resolución de la DGRN de 3 de julio de 2015[82].

Esta Dirección General, a propuesta del Subdirector General de Nacionalidad y Estado Civil, ha acordado: desestimar el recurso interpuesto y confirmar la resolución apelada.

82 **Resolución de 3 de julio de 2015 (13ª)** V.1.1 Matrimonio islámico celebrado en España. S*e deniega la inscripción porque hay datos objetivos bastantes para educir la ausencia de consentimiento matrimonial.* En las actuaciones sobre inscripción de matrimonio remitidas a este entro en trámite de recurso, por virtud del interpuesto por los interesados, contra auto del Juez Encargado del Registro Civil de Fuengirola.

HECHOS

1. Doña E. G. P. nacida en España y de nacionalidad española y Don Z. El menor nacido en Marruecos y de nacionalidad marroquí, presentaron en el registro Civil hoja declaratoria de datos a fin de inscribir su matrimonio celebrado en F. por el rito coránico el 8 de enero de 2013. Adjuntan como documentación: hoja declaratoria de datos, certificado de matrimonio expedido por la Comunidad Islámica Suhail de F. certificado de nacimiento, el de vida y estado y volante de empadronamiento de la interesada y pasaporte, certificación en extracto de acta de nacimiento y certificado de lotería del interesado.

2.- Ratificados los interesados, se celebran las entrevistas en audiencia reservada con los interesados. El Ministerio Fiscal se opone a la inscripción el matrimonio. Con fecha 11 de febrero de 2014, el Encargado del Registro civil deniega la inscripción del matrimonio.
3.- Notificados los interesados, éstos interponen recurso volviendo a solicitar la inscripción del matrimonio.
4.- De la interposición del recurso se dio traslado al Ministerio Fiscal, que impugna el mismo y la confirmación de la resolución recurrida. El encargado emitió el preceptivo informe y dispuso la remisión del expediente a la Dirección General de los Registros y del Notariado para su resolución.
FUNDAMENTOS DE DERECHO
I.- Vistos los artículos 16 de la Declaración Universal de Derechos humanos; 12 del Convenio de Roma de 4 de noviembre de 1950 sobre protección de los derechos humanos y de las libertades fundamentales; 3 del Pacto Internacional de Nueva York de 19 de diciembre de 1966 de derechos civiles y políticos; la Resolución del Consejo de la Unión Europea e 4 de diciembre de 1997 sobre las medidas que deberán adoptarse en materia de lucha contra los matrimonios fraudulentos; 1, 3 y 7 de la Ley 6/1992, de 10 de noviembre por la que se aprueba el Acuerdo de cooperación entre el Estado Español y la Comisión Islámica de España; a Instrucción de 10 de febrero de 1993, los artículos 10, 14 y 32 de la constitución; 9, 45, 49, 50, 63, 65, 73 y 78 del Código Civil; 23 y 73 de la ley del Registro Civil; 54, 85, 245, 246, 247, 256, 257 y 354 del Reglamento el Registro Civil; las Instrucciones de 9 de enero de 1995 y de 31 de enero de 2006; y las Resoluciones, entre otras, de 2-2ª de diciembre de 004; 24-2ª, 25-4ª de enero, 3-3ª, 9-1ª de febrero, 2-1ª, 3-4ª, 17-1ª, 23-4ª e marzo, 19-1ª y 20-2ª y 3ª de abril, 19-3ª, 20-1ª y 3ª, 26-2ª de mayo, -4ª, 20-3ª de junio y 19-2ª de julio y 9-3ª de septiembre de 2005; 24-5ª e mayo de 2006, 4-4ª de marzo y 11-9ª y 24-6ª de noviembre de 2008 y -1ª de agosto de 2010.
II.- El llamado matrimonio de complacencia es indudablemente nulo en nuestro derecho por falta de verdadero consentimiento matrimonial (*cfr.* artículos 45 y 73-1º CC.). Para evitar, en la medida de lo posible, la existencia aparente de estos matrimonios y su inscripción en el Registro Civil, esta dirección General dictó en su momento la Instrucción de 9 de enero de 995 y, más recientemente, la de 31 de enero de 2006, dirigidas a impedir que algunos extranjeros obtengan la entrada en España o regularicen su estancia en ella por medio de un matrimonio simulado con ciudadanos españoles.
III.- Las Instrucciones citadas tratan de evitar que esos matrimonios fraudulentos lleguen a celebrarse dentro del territorio español, recordando a

importancia que en el expediente previo a la celebración del matrimonio tiene el trámite de la audiencia personal, reservada y por separado, de cada contrayente (*cfr.* artículo 246 RRC), como medio para apreciar cualquier obstáculo o impedimento para el enlace (*cfr.* artículos 56, I CC y 245 y 247 RC), entre ellos, la ausencia de consentimiento matrimonial. Pues bien, análogas medidas deben adoptarse cuando se trata de inscribir un matrimonio celebrado en España según la forma religiosa de alguna de las confesiones que tienen suscrito un Acuerdo de Cooperación con el estado español legalmente prevista como suficiente por la ley española artículo 256-2º RRC). El Encargado debe comprobar si concurren los requisitos legales -sin excepción alguna- para la celebración del matrimonio (*cfr.* artículo 65 CC) y esta comprobación requiere que por medio de la calificación de la certificación expedida y "de las declaraciones complementarias oportunas" se llegue a la convicción de que no hay dudas "de la realidad del hecho y de su legalidad conforme a la ley española". Así lo señala el artículo 256 del Reglamento, siguiendo el mismo criterio que, para permitir otras inscripciones sin expediente y en virtud de certificación de un Registro extranjero, establecen los artículos 3, II de la Ley y 85 de su Reglamento. El citado artículo 256 remite al 63 CC que, con referencia a los matrimonios celebrados en España en forma religiosa, dispone en su párrafo II que "Se denegará la práctica del asiento cuando de los documentos presentados o de los asientos del Registro conste que el matrimonio no reúne los requisitos que para su validez se exigen en este título" y uno de esos requisitos, esencial para la validez del matrimonio, es la existencia de consentimiento (*cfr.* artículo 45 y 73. 1º CC).

IV.- Esta extensión de las medidas tendentes a evitar la inscripción de matrimonios simulados viene siendo propugnada por la doctrina de este entro Directivo a partir de la Resolución de 30 de mayo de 1995, bebiendo denegarse la inscripción cuando existan hechos objetivos comprobados por las declaraciones de los propios interesados y por las demás pruebas presentadas, de los que sea razonable deducir según las reglas del criterio humano (*cfr.* artículo 386 LEC) que el matrimonio es nulo por simulación.

V.- En este caso se pretende inscribir un matrimonio islámico celebrado en España el día 8 de enero de 2013 entre una ciudadana española y un nacional marroquí, inscripción que es denegada por el Encargado, por estimar que el matrimonio no se ha celebrado con los fines propios de la institución matrimonial. El auto no suscita cuestión acerca de determinadas formalidades y requisitos que derivan del Acuerdo de Cooperación del estado con la Comisión Islámica de España, como la acreditación de la pertenencia del Imam autorizante a una de las Comunidades Islámicas enunciadas

Una ciudadana de nacionalidad española y un ciudadano de nacionalidad marroquí solicitan autorización para la celebración de matrimonio civil. Se acompaña la documentación legalmente exigida. No comparecen testigos que puedan alegar la legalidad del matrimonio por lo que unido a las circunstancias de los datos desprendidos de las audiencias reservadas el Ministerio Fiscal rea-

---

en el artículo 1.1 del Acuerdo de Cooperación (*cfr.* artículo 7.1, en relación con el artículo 3.1). Respecto al fondo del asunto, si los contrayentes deseaban inscribir el matrimonio en el Registro Civil Español para obtener l pleno reconocimiento de sus efectos civiles, deberían haber acreditado previamente su capacidad matrimonial mediante certificación expedida por el Registro Civil correspondiente (*cfr.* artículo 7.2 del Acuerdo). No constando la obtención en su momento del mencionado documento, por l Juez Encargado se ha procedido a comprobar la posterior concurrencia de los requisitos exigidos por el CC. Ninguno de los dos da la fecha exacta de la boda ya que él dice que fue el 10 de enero de 2013 en F. y ella dice que fue el 9 de enero de 2013 en M. (fue en F.). Discrepan en el número de veces y las fechas en las que él ha ido a Marruecos ya que él dice que fueron en enero de 2013 y ella dice que fue en agosto de 2011. El interesado declara que decidieron contraer matrimonio un año después de conocerse (se conocieron en 2010) y ella dice que meses antes de enero de 2013. El interesado manifiesta que ha convivido durante dos años desde septiembre de 2010, sin embargo, ella dice que han convivido durante un año desde febrero de 2011. Discrepan en gustos y aficiones.
VI.- De estos hechos es razonable deducir que el matrimonio es nulo por simulación. Así lo ha estimado el encargado del Registro Civil que, por su inmediación a los hechos, es quien más fácilmente ha podido apreciarlos formar su convicción respecto de ellos. Esta conclusión, obtenida en omentos cronológicamente más próximos a la celebración del matrimonio, no quedaría desvirtuada por un expediente posterior, el del artículo 257 del Reglamento del Registro Civil, del cual debe prescindirse por razones de economía procesal (*cfr.* artículo 354 RRC), si es que se estima que, además de la vía judicial, quedara abierto este camino ante la denegación adoptada en la calificación efectuada por la vía del artículo 56 del Reglamento.
VII. Matrimonio esta Dirección General, a propuesta del Subdirector General de nacionalidad y Estado Civil, ha acordado desestimar el recurso y confirmar el auto apelado.

liza un informe desfavorable y finalmente el encargado del Registro Civil no autoriza su celebración.

De las audiencias reservadas se desprende que "se desconocen circunstancias personales y familiares, como por ejemplo ninguno de los dos sabe con exactitud la fecha en que se conocieron", asimismo "él declara que le ha regalado a la interesada una gargantilla, una chaqueta y unas chanclas, mientras que ella dice que el interesado no le ha regalado nada". Por último, desconocen los idiomas que cada uno son capaces de habar, así como el nivel de estudios de ambos.

b) Resolución de la DGRN de 6 de mayo de 2016[83].

---

[83] **Resolución de 06 de mayo de 2016 (10ª)** IV.2.1. Autorización de matrimonio.
Se deniega porque hay datos objetivos bastantes para deducir la ausencia de consentimiento matrimonial. En el expediente sobre autorización para contraer matrimonio remitido a este Centro en trámite de recurso, por virtud del interpuesto por el interesado contra auto de la Magistrada Juez Encargada del Registro Civil Único de Madrid.
HECHOS
1.- Mediante escrito presentado el 23 de junio de 2014 en el Registro Civil, los interesados Don F. V. A. nacido el 6 de enero de 1974 y de nacionalidad española y Doña Y. F. S. nacida el 1 de octubre 1982 y de nacionalidad dominicana iniciaban expediente en solicitud de autorización para contraer matrimonio civil. Se acompañaba la siguiente documentación: sobre el promotor Documento nacional de identidad, certificación literal de nacimiento, certificación del padrón municipal y certificación de matrimonio anterior con marginal de disolución por divorcio; en relación con la promotora, pasaporte, acta inextensa de nacimiento, certificación de empadronamiento y certificación de estado de soltera.
2.- En la misma fecha de la solicitud una vez ratificados los interesados, comparece un testigo, que manifiesta que tienen el pleno convencimiento de que el matrimonio proyectado no incurre en prohibición legal alguna y seguidamente con fecha 19 de noviembre de 2014 se celebran las entrevistas en audiencia reservada. El Ministerio Fiscal se opone la autorización del matrimonio pretendido y la Magistrada Juez Encargada del Registro Civil el 12 de marzo de 2015 considerando

que de las manifestaciones de los contrayentes reflejadas en las actas de audiencia reservadas revelan desconocimiento de datos personales y contradicciones dicto auto denegando la autorización solicitada por ausencia de verdadero consentimiento matrimonial.
3.- Notificados los promotores la interesada interpone recurso ante la Dirección General de los Registros y del Notariado, volviendo a solicitar autorización para contraer matrimonio.
4.- Notificado el ministerio fiscal éste solicita la desestimación del recurso interpuesto. La Juez Encargada del Registro Civil se ratifica en el auto emitido debiendo de confirmarse por sus propios fundamentos y ordena la remisión del expediente a la Dirección General de los Registros y del Notariado para su resolución.
FUNDAMENTOS DE DERECHO
I.-Vistos los artículos 16 de la Declaración Universal de Derechos Humanos; 12 del Convenio de Roma de 4 de noviembre de 1950, sobre protección de los derechos humanos y de las libertades fundamentales; 23 del Pacto Internacional de Nueva York de 19 de diciembre de 1966 de derechos civiles y políticos; la resolución del Consejo de la Unión Europea de 4 de diciembre de 1997 sobre las medidas que deberán adoptarse en materia de lucha contra los matrimonios fraudulentos; los artículos 10, 14 y 32 de la Constitución; 3, 6, 7, 44, 45, 73 y 74 del CC; 386 de la LEC; 238, 245, 246, 247 y 358 del Reglamento del Registro Civil; la Instrucción de 9 de enero de 1995; la Instrucción de 31 de enero de 2006; y las resoluciones, entre otras, de 30-2.ª de diciembre de 2005; 31-3.ª de mayo, 27-3.ª y 4.ª de junio, 10-4.ª, 13-1.ª y 20-3.ª de julio, 1-4.ª, 7-3.ª y 9-2.ª de septiembre, 9-1.ª, 3.ª y 5.ª de octubre, 14-2.ª, 5.ª y 6.ª de noviembre y 13-4.ª y 5.ª de diciembre de 2006; 25-1.ª, 3.ª y 4.ª de enero, 2-1.ª, 22-2.ª, 27-3.ª y 28-4.ª de febrero, 30-5.ª de abril, 28-6.ª y 30-4.ª de mayo, 11-3.ª y 4.ª, 12-3.ª de septiembre, 29-4.ª y 6.ª de noviembre, 14-1.ª y 4.ª y 26-5.ª de diciembre de 2007, 24-4.ª de abril, 19-2.ª de diciembre de 2008 y de 1 de julio(11ª) de 2011.
II. En el expediente previo para la celebración del matrimonio es un trámite imprescindible la audiencia personal, reservada y por separado de cada contrayente, que debe efectuar el Instructor, asistido del Secretario, para cerciorarse de la inexistencia del impedimento de ligamen o de cualquier otro obstáculo legal para la celebración (cfr. artículo 246 RRC).
III. La importancia de este trámite ha aumentado en los últimos tiempos especialmente en los matrimonios entre español y extranjero, en cuanto que por él puede en ocasiones descubrirse el verdadero propó-

sito fraudulento del as partes, que no desean en realidad ligarse con el vínculo matrimonial, sino aprovecharse de la apariencia matrimonial para obtener las ventajas que del matrimonio resultan para el extranjero. Si, a través de este trámite o de otros medios, el Encargado llega a la convicción de que existe simulación, no debe autorizar un matrimonio nulo por falta de verdadero consentimiento matrimonial (cfr. artículos 45 y 73-1° CC).
IV. Ahora bien, las dificultades prácticas de la prueba de la simulación son sobradamente conocidas. No existiendo normalmente pruebas directas de ésta, es casi siempre necesario acudir a la prueba de presunciones, es decir, deducir de un hecho o de unos hechos demostrados, mediante un enlace preciso y directo según las reglas del criterio humano, la ausencia de consentimiento que se trata de probar (cfr. artículo 386 LEC).
V. En el caso actual se trata de la solicitud de autorización para contraer matrimonio civil en España entre un nacional español y una ciudadana de la republica dominicana y de las audiencias reservadas se desprenden determinados hechos objetivos de los que cabe deducir que el matrimonio que se pretende celebrar no persigue los fines propios de esta institución. En efecto ella manifiesta que lleva en España 2 años , que llegó en 2012, estando parte del tiempo en B., casi un año (como así resulta del certificado de empadronamiento del Ayuntamiento de T. aportado a las actuaciones) y en M. desde hace un año y medio ; que cuidaba a una señora desde hace un año trabajando como interna y que conoció a su novio hacía dos años en B. el cual trabajaba en una joyería desde hacía 2 o 3 años y que él no tenía hijos aunque ella si de 14 y 12 años que vivían en la republica Dominicana. Por el contrario, el manifestó que trabajaba desde hacía dos meses en compraventa de oro, que a su novia la conoció en una discoteca de M., que su novia llevaba en España dos años y cuidaba a una señora desde hacía 4 meses en M. y que ella tenía dos hijos de 14 y 18 años en República Dominicana. A mayor abundamiento, y por haber acordado este Centro Directivo para mejor proveer la ampliación de las audiencias reservadas a los promotores, la Magistrada juez Encargada ordeno su citación por tres veces sin que hubieran comparecido y aunque no sea determinante para la resolución de este recurso es de advertir que el promotor, cuando empezó con su novia actual ,estaba con otra persona y que le denegaron la autorización para contraer matrimonio en noviembre de 2013, lo cual induce a sospechar sobre sus verdaderas intenciones por lo que respecta al consentimiento matrimonial . Se observan por tanto contradicciones en

Un hombre de nacionalidad española y una mujer de nacionalidad dominicana inician expediente en el Registro Civil, en solicitud de autorización para contraer matrimonio civil. Los interesados ratifican la solicitud y comparece un testigo que manifiesta que tiene el pleno convencimiento que el matrimonio proyectado no incurre en prohibición legal alguna. Posteriormente se celebran las entrevistas en audiencia reservada, el Ministerio Fiscal se opone a la celebración del matrimonio y será el encargado del Registro Civil quien finalmente deniegue la autorización para su celebración.

De las audiencias reservadas se desprende que "ambos desconocen sus respectivas circunstancias personales", así como discrepan en cuanto al trabajo que desempeñan pues que "él declara que trabajo en un compro oro, mientras que ella dice que el interesado trabaja en una joyería". Por su parte, "ella declaró tener dos hijos de 14 y 12 años respectivamente en R. Dominicana, mientras que él conocía la existencia de esos hijos, pero decía que tenían 14 y 18 años". Además, advierte la Magistrada jueza encargada que "cuando el interesado comenzó con su actual novia, se encontraba con otra persona, y que ya había sido partícipe de otra denegación de expediente".

c) Resolución de la DGRN de 11 de septiembre de 2015[84].

---

relación con las preguntas sobre los datos personales que hay que considerar como base suficiente para entender que no existe voluntad de contraer matrimonio con los fines propios de la institución matrimonial. Esta Dirección General, a propuesta del Subdirector General de Nacionalidad y Estado Civil, ha acordado desestimar el recurso y confirmar el acuerdo apelado.

84 **Resolución de 11 de septiembre de 2015 (1ª)**
IV.2.1 Autorización de matrimonio *Se deniega porque hay datos objetivos bastantes para deducir la ausencia de consentimiento matrimonial.* En el expediente sobre autorización para contraer matrimonio remitido a este Centro en trámite de recurso, por virtud del entablado por los interesados, mediante representante legal, contra auto del encargado del Registro Civil de Roquetas de Mar.
HECHOS

1.- Mediante escrito presentado en el Registro Civil, Dª M. S. T. nacida en España y de nacionalidad española y D. M. B. nacido en A. y de nacionalidad argelina, solicitaban la autorización para contraer matrimonio civil. Se acompañaba la siguiente documentación: certificado de nacimiento, declaración jurada de estado civil y volante de empadronamiento de la interesada y partida de nacimiento, certificado de soltería y volante de empadronamiento del interesado.
2.- Ratificados los interesados, comparece un testigo que manifiesta que tiene el convencimiento de que el matrimonio proyectado no incurre en prohibición legal alguna. Se celebran las entrevistas en audiencia reservada. El Ministerio Fiscal se opone al matrimonio proyectado. El encargado del Registro Civil mediante auto de fecha 17 de septiembre de 2014 no autoriza la celebración del matrimonio.
3.- Notificados los interesados, éstos interponen recurso ante la Dirección General de los Registros y del Notariado, volviendo a solicitar la autorización para contraer matrimonio.
4.-Notificado el Ministerio Fiscal, éste impugna el recurso interpuesto por considerar ajustada a derecho la resolución impugnada. El Encargado del Registro Civil remite el expediente a la Dirección General de los Registros y del Notariado para su resolución.
FUNDAMENTOS DE DERECHO
I.- Vistos los artículos 16 de la Declaración Universal de Derechos Humanos; 12 del Convenio de Roma de 4 de noviembre de 1950, sobre protección de los derechos humanos y de las libertades fundamentales; 23 del Pacto Internacional de Nueva York de 19 de diciembre de 1966 de derechos civiles y políticos; la resolución del Consejo de la Unión Europea de 4 de diciembre de 1997 sobre las medidas que deberán adoptarse en materia de lucha contra los matrimonios fraudulentos; los artículos 10, 14 y 32 de la Constitución; 3, 6, 7, 44, 45, 73 y 74 del Código Civil; 386 de la Ley de Enjuiciamiento Civil; 238, 245, 246, 247 y 358 del Reglamento del Registro Civil; la Instrucción de 9 de enero de 1995; la Instrucción de 31 de enero de 2006; y las resoluciones, entre otras, de 30-2ª de diciembre de 2005; 31-3ª de mayo, 27-3ª y 4ª de junio, 10-4ª, 13-1ª y 20-3ª de julio, 1-4ª, 7-3ª y 9-2ª de septiembre, 9-1ª, 3ª y 5ª de octubre, 14-2ª, 5ª y 6ª de noviembre y 13-4ª y 5ª de diciembre de 2006; 25-1ª, 3ª y 4ª de enero, 2-1ª , 22-2ª, 27-3ª y 28-4ª de febrero, 30-5ª de abril, 28-6ª y 30-4ª de mayo, 11-3ª y 4ª, 12-3ª de septiembre, 29-4ª y 6ª de noviembre, 14-1ª y 4ª y 26-5ª de diciembre de 2007, 24-4ª de abril y 19-2ª de diciembre de 2008.
II.- En el expediente previo para la celebración del matrimonio es un trámite imprescindible la audiencia personal, reservada y por se-

parado de cada contrayente, que debe efectuar el Instructor, asistido del Secretario, para cerciorarse de la inexistencia del impedimento de ligamen o de cualquier otro obstáculo legal para la celebración (*cfr.* artículo 246 RRC).
III.- La importancia de este trámite ha aumentado en los últimos tiempos, especialmente en los matrimonios entre español y extranjero, en cuanto que por él puede en ocasiones descubrirse el verdadero propósito fraudulento de las partes, que no desean en realidad ligarse con el vínculo matrimonial, sino aprovecharse de la apariencia matrimonial para obtener las ventajas que del matrimonio resultan para el extranjero. Si, a través de este trámite o de otros medios, el Encargado llega a la convicción de que existe simulación, no debe autorizar un matrimonio nulo por falta de verdadero consentimiento matrimonial (*cfr.* artículos 45 y 73-1º CC).
IV.- Ahora bien, las dificultades prácticas de la prueba de la simulación son sobradamente conocidas. No existiendo normalmente pruebas directas de ésta, es casi siempre necesario acudir a la prueba de presunciones, es decir, deducir de un hecho o de unos hechos demostrados, mediante un enlace preciso y directo según las reglas del criterio humano, la ausencia de consentimiento que se trata de probar (*cfr.* artículo 386 LEC).
V.- En el caso actual se trata de la solicitud de autorización para contraer matrimonio civil entre una ciudadana española y un ciudadano argelino y de las audiencias reservadas se desprenden determinados hechos objetivos de los que cabe deducir que el matrimonio que se pretende celebrar no persigue los fines propios de esta institución. Discrepan en el tiempo que hace que son pareja ya que ella dice que hace dos meses y medio y él dice que hace ocho meses. La interesada desconoce la fecha de nacimiento del interesado, los nombres de los padres, el número y nombres de los hermanos, idiomas hablados, aficiones, comidas favoritas, etc. El interesado desconoce el lugar de nacimiento de ella, estado civil (él dice que es divorciada y ella dice que es soltera), aficiones y los nombres de algunos de sus hermanos. Discrepan en la distribución de algunos enseres de la casa, como se reparten las cosas en el armario, si usan o no pijama, nombres de sus mejores amigos, nombre del marido de una de las hijas de ella, donde y con quien fueron a comer juntos la última vez, frecuencia de la compra semanal, si el interesado ayuda o no en casa. No aportan pruebas fehacientes de su relación. Esta Dirección General, a propuesta del Subdirector General de Nacionalidad y Estado Civil, ha acordado: desestimar el recurso interpuesto y confirmar la resolución apelada.

Una mujer de nacionalidad española y un hombre de nacionalidad argelina solicitan autorización para contraer matrimonio civil. Se acompaña la documentación pertinente, y comparece una persona en calidad de testigo quien manifiesta que tiene pleno convencimiento de que el matrimonio proyectado no incurre en prohibición legal alguna. Posteriormente se celebran las entrevistas en audiencia reservada de los cónyuges. Finalmente, el encargado del Registro Civil no autoriza la celebración del matrimonio ya que existen causas suficientes para determinar la falta de consentimiento.

De las audiencias reservadas cabe destacar que "los interesados discrepan en el tiempo que llevan siendo pareja, además la interesada desconoce la fecha de nacimiento del interesado, los nombres de los padres, el número y nombre de los hermanos, idiomas hablados, aficiones, comidas favoritas…" Por su parte, el interesado "desconoce el lugar de nacimiento de ella, así como su estado civil y aficiones, así como el nombre de alguno de sus hermanos". También discrepan acerca de "la distribución de algunos enseres de la casa", por lo que cabe concluir que no aportan suficientes pruebas de su relación.

d) Resolución de la DGRN de 20 noviembre de 2014[85].

---

85 **Resolución de 20 de noviembre de 2014 (49ª)**
IV.2.1 Autorización de matrimonio civil. *Se deniega la autorización porque hay datos objetivos bastantes para deducir la ausencia de consentimiento matrimonial.* En el expediente sobre autorización para contraer matrimonio remitido a este Centro en trámite de recurso, por virtud del interpuesto por el interesado contra auto de la Magistrada-Juez Encargada del Registro Civil de Cáceres.
HECHOS
1.- Mediante escrito presentado en el Registro Civil de Cáceres el día 17 de enero 2013, Don J-J. R. B. nacido el 13 de enero de 1963 en C. (España), de estado civil soltero y de nacionalidad española y Doña I. Da C. S. nacida el 25 de mayo 1963 en San M Dos C. (Brasil), soltera, de nacionalidad brasileña solicitan autorización para contraer matrimonio civil por poderes en C. Acompañaban la siguiente documentación:–Promotor. DNI, Declaración jurada de estado civil, certificado de

nacimiento, fe de vida y estado y certificado de inscripción padronal expedido por el Ayuntamiento de Cáceres.–Promotora. Declaración jurada de estado civil, pasaporte brasileño, traducción jurada de certificado de nacimiento debidamente legalizado, traducción jurada de acta de manifestaciones ante notario debidamente legalizado, traducción jurada debidamente legalizada de poder notarial de representación en el acto de matrimonio otorgado a favor de Doña K. S. S.
2.- Ratificados los interesados, con fecha 14 de marzo de 2013 tienen lugar en el Registro Civil de Cáceres la audiencia de los testigos, Doña M. A. A. y Don L. C. G. quienes manifiestan que conocen a los solicitantes del expediente matrimonial y que el matrimonio proyectado no incurre en ninguna prohibición legal.
3.- Se celebran las audiencias reservadas a los promotores, con fecha 14 de marzo de 2013 a Don J-J. R. B. en el Registro Civil de Cáceres y el 04 de julio de 2013 a Doña I. Da C. S. en el Consulado General de España en Salvador-Bahía (Brasil).
4.- Previo informe desfavorable del Ministerio Fiscal, con fecha 27 de septiembre de 2013 la Magistrada-Juez Encargada del Registro Civil de Cáceres dicta Auto por el que se deniega la autorización del matrimonio proyectado por los promotores, al no existir el necesario consentimiento matrimonial.
5.- Notificados los interesados, Don J-J.R. B. interpone recurso ante la Dirección General de los Recursos y del Notariado, solicitando se revoque el Auto de fecha 27 de septiembre de 2013 y se resuelva dar autorización para la celebración de su matrimonio civil. 6.- De la interposición se dio traslado al Ministerio Fiscal que interesó su desestimación y la Encargada dispuso la remisión del expediente a la Dirección General de los Registros y del Notariado.
FUNDAMENTOS DE DERECHO
I.- Vistos los artículos 16 de la Declaración Universal de Derechos Humanos; 12 del Convenio de Roma de 4 de noviembre de 1950, sobre protección de los derechos humanos y de las libertades fundamentales; 23 del Pacto Internacional de Nueva York de 19 de diciembre de 1966 de derechos civiles y políticos; la Resolución del Consejo de la Unión Europea de 4 de diciembre de 1997 sobre las medidas que deberán adoptarse en materia de lucha contra los matrimonios fraudulentos; los artículos 10, 14 y 32 de la Constitución; 3, 6, 7, 44, 45, 68, 69, 70, 73 y 74 del Código civil; 386 de la Ley de Enjuiciamiento Civil; 238, 245, 246, 247 y 358 del Reglamento del Registro Civil; las Instrucciones de 9 de enero de 1995 y de 31 de enero de 2006; y las Resoluciones, entre

---

otras, 13-1ª y 20-3ª de julio, 1-4ª, 7-3ª y 9-2ª de septiembre, 9-1ª, 3ª y 5ª de octubre, 14-2ª, 5ª y 6ª de noviembre y 13-4ª y 5ª de diciembre de 2006; y 25-1ª, 3ª y 4ª de enero, 2-1ª, 22-2ª, 27-3ª y 28-4ª de febrero, 30-5ª de abril, 28-6ª, 30-4ª de mayo, 11-3ª y 4ª y 12-3ª de septiembre, 29-4ª y 6ª de noviembre, 14-1ª y 4ª y 26-5ª de diciembre de 2007; 24-4ª de abril y 19-2ª de diciembre de 2008 y 23-6ª y 7ª de abril y 12-2ª de mayo de 2009.
II.- En el expediente previo para la celebración del matrimonio es un trámite imprescindible la audiencia personal, reservada y por separado de cada contrayente, que debe efectuar el Instructor, asistido del Secretario, para cerciorarse de la inexistencia del impedimento de ligamen o de cualquier otro obstáculo legal para la celebración (cfr. artículo 246 RRC).
III.- La importancia de este trámite ha aumentado en los últimos tiempos en cuanto que por él puede en ocasiones descubrirse el verdadero propósito fraudulento de las partes, que no desean en realidad ligarse con el vínculo matrimonial sino aprovecharse de la apariencia matrimonial para que el promotor extranjero obtenga las ventajas que el matrimonio puede proporcionar. Si, a través de este trámite o de otros medios objetivos, el Encargado llega a la convicción de que existe simulación, no debe autorizar un matrimonio nulo por falta de verdadero consentimiento matrimonial (cfr. artículos 45 y 73-1º CC).
IV.- Ahora bien, las dificultades prácticas de la prueba de la simulación son sobradamente conocidas. No existiendo normalmente pruebas directas de ésta, es casi siempre necesario acudir a la prueba de presunciones, es decir, deducir de un hecho o de unos hechos demostrados, mediante un enlace preciso y directo según las reglas del criterio humano, la ausencia de consentimiento que se trata de probar (cfr. artículo 386 LEC).
V.- En esta solicitud de autorización para la celebración de matrimonio civil por poderes en C. entre un ciudadano español y una ciudadana brasileña, resultan del trámite de audiencia determinados hechos objetivos de los que cabe deducir que el matrimonio que se pretende contraer persigue una finalidad distinta de la propia de esta institución. Así, de las audiencias reservadas se constata un desconocimiento importante de los datos familiares y personales de los cónyuges. El promotor no cita correctamente la fecha de nacimiento de su prometida, ni los nombres de sus padres, indica que su pareja tiene de cinco a siete hermanos, cuando lo cierto es que tiene nueve y no cita ninguno de sus nombres. La promotora desconoce el año de nacimiento de su prometido, los nombres y apellidos de sus padres, no cita correctamente las

Mediante escrito presentado en el Registro Civil de Cáceres, un hombre de nacionalidad española y una mujer de nacionalidad brasileña, solicitan autorización para la celebración de matrimonio civil. Acompañados de la documentación pertinente, comparecen dos testigos quienes manifiestan que tienen el pleno convencimiento de que el matrimonio proyectado no incurre en prohibición legal alguna. Tras las audiencias reservadas celebradas a los cónyuges, el Ministerio Fiscal se opone a su celebración

---

edades de los hermanos de su pareja y no sabe los estudios que éste ha realizado. En cuanto a los datos laborales y profesionales, el promotor desconoce los ingresos de la promotora y ésta desconoce cuáles son los ingresos del promotor. Igualmente existen otras contradicciones en las preguntas relativas a su relación; así el promotor indica que se conocieron hace dos años y medio en C. y que iniciaron su relación hace dos años, la promotora indica que se conocieron en el año 2009 en una terraza de C. y ese mismo año iniciaron su relación sentimental. El promotor indica que decidieron contraer matrimonio "cuando no dejaron a ella volver a España", mientras que la promotora afirma que lo decidieron "hace un año y siete meses en C". Igualmente, también existen discrepancias en cuanto a las preguntas relativas a gustos y aficiones. El promotor afirma que le gusta la fotografía, la naturaleza y los viajes, mientras que la promotora afirma que a su pareja le gusta ir al campo y beber cervezas. De acuerdo con la información integrante del expediente, consta que la promotora se encontraba en situación irregular en España desde el año 2004 hasta el año 2012 en que salió del territorio español y le fue prohibida su entrada. La promotora afirma conocer que su matrimonio le permitiría adquirir la nacionalidad española en un menor tiempo de residencia y que es su deseo contraer matrimonio con estos fines. Todo ello hace presumir que el matrimonio pretendido persiga una finalidad distinta a la de la propia institución, incurriendo ambos en simulación del consentimiento matrimonial o, lo que es lo mismo, pretendiendo un matrimonio sin verdadero consentimiento, a lo que hay que añadir la ausencia de la intención de establecer una comunidad de vida, propia de la institución del matrimonio. Esta Dirección General, a propuesta del Subdirector General de Nacionalidad y Estado Civil, ha acordado: desestimar el recurso interpuesto y confirmar la resolución apelada.

por lo que la Magistrada-jueza encargada del Registro Civil deniega su autorización.

De las audiencias celebradas a los cónyuges se desprende que "hay un desconocimiento importante de los datos personales y familiares de los cónyuges". Por su parte el interesado manifiesta que "su prometida tiene de cinco a siete hermanos, cuando ella dice que tiene nueve", así pues, "él no nombra correctamente a ninguno de los hermanos de ella". La promotora, por su parte "desconoce el nombre y apellidos tanto de los padres de él como de sus respectivos hermanos, además desconoce el nivel de estudios del interesado". Asimismo, "la promotora desconoce los ingresos que obtiene el interesado por sus prestaciones laborales", e incluso discrepan en aspectos referentes a su relación. Además, y aunque no resulta determinante para la conclusión el matrimonio se pretendía celebrar mediante un poder otorgado a ella, con la intención de que se celebrara en Brasil.

C. Existencia del cónyuge extranjero en situación irregular en España.

c) Resolución de la DGRN de 12 febrero 2016[86].

---

86 **Resolución de 12 de febrero de 2016 (7ª)** IV.2.1.- Autorización de matrimonio Se deniega porque hay datos objetivos bastantes para deducir la ausencia de consentimiento matrimonial. En el expediente sobre autorización para contraer matrimonio remitido a este Centro en trámite de recurso, por virtud del entablado por los interesados, contra auto del encargado del Registro Civil de Fuengirola.
HECHOS
1.- Mediante escrito presentado en el Registro Civil, Doña N. P. G. nacida en España y de nacionalidad española y Don M. S. nacido en India, y de nacionalidad india, solicitaban autorización para contraer matrimonio. Se acompañaba la siguiente documentación: certificado de nacimiento, fe de vida y estado y volante de empadronamiento de la interesada y certificado de nacimiento y volante de empadronamiento del interesado.

2.- Ratificados los interesados, comparecen dos testigos que manifiestan que tienen el convencimiento de que el matrimonio proyectado no incurre en prohibición legal alguna. Se celebran las entrevistas en audiencia reservada. El Ministerio Fiscal se opone al matrimonio proyectado. El encargado del Registro Civil mediante auto de fecha 23 de marzo de 2015 no autoriza la celebración del matrimonio.
3.- Notificados los interesados, éstos interponen recurso ante la Dirección General de los Registros y del Notariado, volviendo a solicitar la autorización para contraer matrimonio.
4.-Notificado el Ministerio Fiscal, éste impugna el recurso interpuesto por entender que la resolución ha sido dictada conforme a derecho. El Encargado del Registro Civil remite el expediente a la Dirección General de los Registros y del Notariado para su resolución.
FUNDAMENTOS DE DERECHO
I.- Vistos los artículos 16 de la Declaración Universal de Derechos Humanos; 12 del Convenio de Roma de 4 de noviembre de 1950, sobre protección de los derechos humanos y de las libertades fundamentales; 23 del Pacto Internacional de Nueva York de 19 de diciembre de 1966 de derechos civiles y políticos; la resolución del Consejo de la Unión Europea de 4 de diciembre de 1997 sobre las medidas que deberán adoptarse en materia de lucha contra los matrimonios fraudulentos; los artículos 10, 14 y 32 de la Constitución; 3, 6, 7, 44, 45, 73 y 74 del Código civil; 386 de la Ley de Enjuiciamiento Civil; 238, 245, 246, 247 y 358 del Reglamento del Registro Civil; la Instrucción de 9 de enero de 1995; la Instrucción de 31 de enero de 2006; y las resoluciones, entre otras, de 30-2ª de diciembre de 2005; 31-3ª de mayo, 27-3ª y 4ª de junio, 10-4ª, 13-1ª y 20-3ª de julio, 1-4ª, 7-3ª y 9-2ª de septiembre, 9-1ª, 3ª y 5ª de octubre, 14-2ª, 5ª y 6ª de noviembre y 13-4ª y 5ª de diciembre de 2006; 25-1ª, 3ª y 4ª de enero, 2-1ª , 22-2ª, 27-3ª y 28-4ª de febrero, 30-5ª de abril, 28-6ª y 30-4ª de mayo, 11-3ª y 4ª, 12-3ª de septiembre, 29-4ª y 6ª de noviembre, 14-1ª y 4ª y 26-5ª de diciembre de 2007, 24-4ª de abril y 19-2ª de diciembre de 2008.
II.- En el expediente previo para la celebración del matrimonio es un trámite imprescindible la audiencia personal, reservada y por separado de cada contrayente, que debe efectuar el Instructor, asistido del Secretario, para cerciorarse de la inexistencia del impedimento de ligamen o de cualquier otro obstáculo legal para la celebración (cfr. artículo 246 RRC).
III.- La importancia de este trámite ha aumentado en los últimos tiempos, especialmente en los matrimonios entre español y extranjero, en

cuanto que por él puede en ocasiones descubrirse el verdadero propósito fraudulento de las partes, que no desean en realidad ligarse con el vínculo matrimonial, sino aprovecharse de la apariencia matrimonial para obtener las ventajas que del matrimonio resultan para el extranjero. Si, a través de este trámite o de otros medios, el Encargado llega a la convicción de que existe simulación, no debe autorizar un matrimonio nulo por falta de verdadero consentimiento matrimonial (cfr. artículos 45 y 73-1º CC).

IV.- Ahora bien, las dificultades prácticas de la prueba de la simulación son sobradamente conocidas. No existiendo normalmente pruebas directas de ésta, es casi siempre necesario acudir a la prueba de presunciones, es decir, deducir de un hecho o de unos hechos demostrados, mediante un enlace preciso y directo según las reglas del criterio humano, la ausencia de consentimiento que se trata de probar (cfr. artículo 386 LEC).

V.- En el caso actual se trata de la solicitud de autorización para contraer matrimonio civil entre una ciudadana española y un ciudadano indio y de las audiencias reservadas se desprenden determinados hechos objetivos de los que cabe deducir que el matrimonio que se pretende celebrar no persigue los fines propios de esta institución. El interesado declara que lleva viviendo en España desde junio o julio de 2011, sin embargo, ella dice que desde agosto o septiembre de 2011. Discrepan en cuando se conocieron ya que ella primero dice que en septiembre de 2011 para luego rectificar y decir que lo conoció en octubre, sin embargo, él declara que se conocieron en septiembre de 2011. La interesada manifiesta que cuando lo conoció vivía en M. en la calle C., sin embargo, él dice que vivía en la calle S. S., dice ella que él vivía en Fuengirola desconociendo la dirección, pero luego se cambió a la calle J., sin embargo, él declara que vivía en F. con un amigo en una calle que va al puerto y que en 2012 se mudó con su novia a la calle "J.". Ella manifiesta que la casa donde viven tiene una escalera y que pagan 400 euros, pero no sabe si incluye el agua y la luz, sin embargo, él dice que tiene escalera y ascensor y que en el alquiler les entra el agua y la luz. El interesado dice que no trabaja, sin embargo, ella dice que trabaja echando una mano a unos amigos en tiendas de comida, desconociendo lo que gana. Difieren en lo relativo a la calle donde vivían antes de ahora ya que ella dice que vivieron en la calle Juzgado, sin embargo, él dice que vivieron en la calle Párroco J.A. J. H. El interesado dice que ella le regaló una chaqueta y ella dice que le regaló un móvil. El interesado declara que tienen relaciones sexuales habituales

Una ciudadana de nacionalidad española y un ciudadano de nacionalidad india solicitan autorización ante el Registro Civil para contraer matrimonio. Se acompaña la documentación pertinente y comparecen dos personas en calidad de testigos quienes manifiestan que el matrimonio proyectado no incurre en prohibición legal alguna. Tras la celebración de las audiencias reservadas, el encargado del Registro Civil se opone a su autorización ya que hay indicios suficientes para determinar la falta de consentimiento matrimonial.

De las audiencias reservadas se desprende lo siguiente "ambos cónyuges discrepan en la calle del domicilio donde viven", por su parte "ambos discrepan también en los requisitos del alquiler del piso donde supuestamente conviven". Asimismo, el interesado manifiesta "tener relaciones sexuales con la interesada de forma habitual" y ella manifiesta que "a pesar de dormir juntos no mantienen relaciones sexuales". Por último, cabe destacar que el interesado se encuentra en situación irregular en España.

b) Resolución de la DGRN de 20 mayo de 2014[87].

---

y ella dice que, aunque duermen juntos no tienen relaciones sexuales. Los testigos del expediente desconocen el apellido de la interesada y donde viven, tampoco saben el nombre del interesado declarando que se llama A. Por otro lado, el interesado se encuentra en una situación irregular en España.

Esta Dirección General, a propuesta del Subdirector General de Nacionalidad y Estado Civil, ha acordado, desestimar el recurso interpuesto y confirmar la resolución apelada.

87 **Resolución de 20 de mayo de 2014 (7ª)** IV.2.1-Autorización de matrimonio *Se deniega porque hay datos objetivos bastantes para deducir la ausencia de consentimiento matrimonial.* En el expediente sobre autorización para contraer matrimonio remitido a este Centro en trámite de recurso, por virtud del entablado por los interesados, contra auto del encargado del Registro Civil de Granollers.

HECHOS

1.- Mediante escrito presentado en el Registro Civil, Doña. L. R. M. B. nacida en España y de nacionalidad española y Don. E. M. nacido en Gambia y de nacionalidad gambiana, iniciaban expediente en soli-

citud de autorización para contraer matrimonio civil. Se acompañaba la siguiente documentación: certificados de nacimiento, certificado de matrimonio con anotación de divorcio y fe de vida y estado Sra. M. y certificado de empadronamiento de los interesados.
2.- Ratificados los interesados, comparecen dos testigos que manifiestan que les consta que el matrimonio proyectado no incurre en prohibición legal alguna. Se celebran las entrevistas en audiencia reservada. El Ministerio Fiscal informa desfavorablemente. El encargado del Registro Civil mediante auto de fecha 24 de abril de 2013 no autoriza la celebración del matrimonio proyectado.
3.- Notificados los interesados, éstos interponen recurso volviendo a solicitar se autorice la celebración del matrimonio.
4.-Notificado el Ministerio Fiscal, éste interesa la desestimación del recurso interpuesto y la confirmación de la resolución recurrida. El encargado ordena la remisión del expediente a la Dirección General de los Registros y del Notariado para la resolución del recurso.
FUNDAMENTOS DE DERECHO
I.- Vistos los artículos 16 de la Declaración Universal de Derechos Humanos; 12 del Convenio de Roma de 4 de noviembre de 1950, sobre protección de los derechos humanos y de las libertades fundamentales; 23 del Pacto Internacional de Nueva York de 19 de diciembre de 1966 de derechos civiles y políticos; la resolución del Consejo de la Unión Europea de 4 de diciembre de 1997 sobre las medidas que deberán adoptarse en materia de lucha contra los matrimonios fraudulentos; los artículos 10, 14 y 32 de la Constitución; 3, 6, 7, 44, 45, 73 y 74 del Código civil; 386 de la Ley de Enjuiciamiento Civil; 238, 245, 246, 247 y 358 del Reglamento del Registro Civil; la Instrucción de 9 de enero de 1995; la Instrucción de 31 de enero de 2006; y las resoluciones, entre otras, de 30-2ª de diciembre de 2005; 31-3ª de mayo, 27-3ª y 4ª de junio, 10-4ª, 13-1ª y 20-3ª de julio, 1-4ª, 7-3ª y 9-2ª de septiembre, 9-1ª, 3ª y 5ª de octubre, 14-2ª, 5ª y 6ª de noviembre y 13-4ª y 5ª de diciembre de 2006; 25-1ª, 3ª y 4ª de enero, 2-1ª , 22-2ª, 27-3ª y 28-4ª de febrero, 30-5ª de abril, 28-6ª y 30-4ª de mayo, 11-3ª y 4ª, 12-3ª de septiembre, 29-4ª y 6ª de noviembre, 14-1ª y 4ª y 26-5ª de diciembre de 2007, 24-4ª de abril y 19-2ª de diciembre de 2008.
II.- En el expediente previo para la celebración del matrimonio es un trámite imprescindible la audiencia personal, reservada y por separado de cada contrayente, que debe efectuar el Instructor, asistido del Secretario, para cerciorarse de la inexistencia del impedimento de ligamen o de cualquier otro obstáculo legal para la celebración (cfr. artículo 246 RRC).

Una ciudadana de nacionalidad española y un ciudadano de nacionalidad gambiana solicitan autorización para la celebración

---

III.- La importancia de este trámite ha aumentado en los últimos tiempos, especialmente en los matrimonios entre español y extranjero, en cuanto que por él puede en ocasiones descubrirse el verdadero propósito fraudulento de las partes, que no desean en realidad ligarse con el vínculo matrimonial, sino aprovecharse de la apariencia matrimonial para obtener las ventajas que del matrimonio resultan para el extranjero. Si, a través de este trámite o de otros medios, el Encargado llega a la convicción de que existe simulación, no debe autorizar un matrimonio nulo por falta de verdadero consentimiento matrimonial (cfr. artículos 45 y 73-1° del CC).
IV.- Ahora bien, las dificultades prácticas de la prueba de la simulación son sobradamente conocidas. No existiendo normalmente pruebas directas de ésta, es casi siempre necesario acudir a la prueba de presunciones, es decir, deducir de un hecho o de unos hechos demostrados, mediante un enlace preciso y directo según las reglas del criterio humano, la ausencia de consentimiento que se trata de probar (cfr. artículo 386 de la LEC).
V.- En el caso actual se trata de la solicitud de autorización para contraer matrimonio civil en España entre una ciudadana española y un ciudadano gambiano y de las audiencias reservadas se desprenden determinados hechos objetivos de los que cabe deducir que el matrimonio que se pretende celebrar no persigue los fines propios de esta institución. Así como ha quedado reflejado en el auto del encargado del registro civil los interesados son incapaces de comunicarse mediante un lenguaje común, ya que el Sr. M. necesita interprete y se expresa en " mandinga" y tiene conocimientos de inglés pero la interesada carece de un conocimiento de inglés suficiente para el mantenimiento de una relación afectiva y sentimental, para personas que desean mantener una comunidad de vida y asumir los fines previstos en la institución del matrimonio según la normativa vigente, circunstancias puestas de manifiesto por el encargado a la vista del trámite de audiencia reservada . Por otra parte, declara el interesado que conoció a su pareja hace dos años siendo que la interesada figura empadronada en G. proveniente de C. (A.) con fecha 08 de septiembre de 2011, habiéndose celebrado la audiencia reservada el 12 de marzo de 2013. Finalmente, y sin que sea determinante existe una diferencia de edad de aproximadamente 13 años y el interesado se encuentra en situación irregular en España.

de matrimonio civil. Se acompaña la documentación pertinente y comparecen dos testigos que manifiestan que les consta que el matrimonio proyectado no incurre en prohibición legal alguna. Se procede a realizar las audiencias reservadas de los cónyuges y tras esto el encargado del Registro Civil no autoriza su celebración.

De las audiencias celebradas se desprende que "los interesados son incapaces de comunicarse en una lengua común" puesto que ha sido necesario la participación de un intérprete para llevar a cabo la audiencia al interesado. A pesar de eso, el interesado tiene conocimientos de inglés, pero la interesada carece de un nivel suficiente como para mantener una situación normal de afectividad debido a la imposibilidad de comunicación. Asimismo, existe "una diferencia aproximada de 13 años de edad entre los cónyuges" y por su parte, el interesado se encuentra en situación irregular en España.

D) Existencia de notable diferencia de edad entre los cónyuges.

a) Resolución de la DGRN de 22 de enero de 2016[88].

Esta Dirección General, a propuesta del Subdirector General de Nacionalidad y Estado Civil, ha acordado: desestimar el recurso interpuesto y confirmar la resolución apelada.

88 **Resolución de 22 de enero de 2016 (13ª)**
IV.2.1-Autorización de matrimonio *Se deniega porque hay datos objetivos bastantes para deducir la ausencia de consentimiento matrimonial.* En el expediente sobre autorización para contraer matrimonio remitido a este Centro en trámite de recurso, por virtud del entablado por los interesados, contra auto del encargado del Registro Civil de Cabrils.
HECHOS
1.- Mediante escrito presentado en el Registro Civil, Don R. F. M. nacido en España y de nacionalidad española y Doña N. F. nacida en Marruecos y de nacionalidad marroquí, solicitaban autorización para contraer matrimonio. Se acompañaba la siguiente documentación: certificado de nacimiento, certificado de matrimonio con inscripción marginal de divorcio y volante de empadronamiento del interesado y permiso

de residencia, extracto de acta de nacimiento, certificado de soltería y volante de empadronamiento de la interesada.
2.- Ratificados los interesados, comparecen dos testigos que manifiestan que tienen el convencimiento de que el matrimonio proyectado no incurre en prohibición legal alguna. Se celebran las entrevistas en audiencia reservada. El Ministerio Fiscal se opone al matrimonio proyectado. El encargado del Registro Civil mediante auto de fecha 12 de mayo de 2015 no autoriza la celebración del matrimonio.
3.- Notificados los interesados, éstos interponen recurso ante la Dirección General de los Registros y del Notariado, volviendo a solicitar la autorización para contraer matrimonio.
4.-Notificado el Ministerio Fiscal, éste emite un informe desfavorable. El Encargado del Registro Civil remite el expediente a la Dirección General de los Registros y del Notariado para su resolución con un informe desfavorable.
FUNDAMENTOS DE DERECHO
I.- Vistos los artículos 16 de la Declaración Universal de Derechos Humanos; 12 del Convenio de Roma de 4 de noviembre de 1950, sobre protección de los derechos humanos y de las libertades fundamentales; 23 del Pacto Internacional de Nueva York de 19 de diciembre de 1966 de derechos civiles y políticos; la resolución del Consejo de la Unión Europea de 4 de diciembre de 1997 sobre las medidas que deberán adoptarse en materia de lucha contra los matrimonios fraudulentos; los artículos 10, 14 y 32 de la Constitución; 3, 6, 7, 44, 45, 73 y 74 del CC; 386 de la LEC; 238, 245, 246, 247 y 358 del Reglamento del Registro Civil; la Instrucción de 9 de enero de 1995; la Instrucción de 31 de enero de 2006; y las resoluciones, entre otras, de 30-2ª de diciembre de 2005; 31-3ª de mayo, 27-3ª y 4ª de junio, 10-4ª, 13-1ª y 20-3ª de julio, 1-4ª, 7-3ª y 9-2ª de septiembre, 9-1ª, 3ª y 5ª de octubre, 14-2ª, 5ª y 6ª de noviembre y 13-4ª y 5ª de diciembre de 2006; 25-1ª, 3ª y 4ª de enero, 2-1ª , 22-2ª, 27-3ª y 28-4ª de febrero, 30-5ª de abril, 28-6ª y 30-4ª de mayo, 11-3ª y 4ª, 12-3ª de septiembre, 29-4ª y 6ª de noviembre, 14-1ª y 4ª y 26-5ª de diciembre de 2007, 24-4ª de abril y 19-2ª de diciembre de 2008.
II.- En el expediente previo para la celebración del matrimonio es un trámite imprescindible la audiencia personal, reservada y por separado de cada contrayente, que debe efectuar el Instructor, asistido del Secretario, para cerciorarse de la inexistencia del impedimento de ligamen o de cualquier otro obstáculo legal para la celebración (*cfr.* artículo 246 RRC).
III.- La importancia de este trámite ha aumentado en los últimos tiempos, especialmente en los matrimonios entre español y extranjero, en

cuanto que por él puede en ocasiones descubrirse el verdadero propósito fraudulento de las partes, que no desean en realidad ligarse con el vínculo matrimonial, sino aprovecharse de la apariencia matrimonial para obtener las ventajas que del matrimonio resultan para el extranjero. Si, a través de este trámite o de otros medios, el Encargado llega a la convicción de que existe simulación, no debe autorizar un matrimonio nulo por falta de verdadero consentimiento matrimonial (*cfr.* artículos 45 y 73-1º del CC).
IV.- Ahora bien, las dificultades prácticas de la prueba de la simulación son sobradamente conocidas. No existiendo normalmente pruebas directas de ésta, es casi siempre necesario acudir a la prueba de presunciones, es decir, deducir de un hecho o de unos hechos demostrados, mediante un enlace preciso y directo según las reglas del criterio humano, la ausencia de consentimiento que se trata de probar (*cfr.* artículo 386 de la LEC).
V.- En el caso actual se trata de la solicitud de autorización para contraer matrimonio civil entre un ciudadano español y una ciudadana marroquí y de las audiencias reservadas se desprenden determinados hechos objetivos de los que cabe deducir que el matrimonio que se pretende celebrar no persigue los fines propios de esta institución. Discrepan en cómo se conocieron ya que él dice que los presentó H. R., mientras que ella dice que se conocieron en el puerto de Mataró y no les presentó nadie. Difieren en lo relativo a los estudios de cada uno, ya que él dice que estudió ingeniería industrial en la rama de textil mientras que ella dice que él estudió medicina y ella comercio. El interesado declara que había padecido dos intervenciones quirúrgicas: sinusitis y un tumor, sin embargo, ella dice que él no ha padecido enfermedad alguna. También difieren en cuando decidieron casarse pues ella dice que hace cuatro meses y él dice que hace dos meses. Discrepan en gustos culinarios y aficiones, así como en los últimos regalos que se hicieron. Declaran que viven juntos desde hace dos años, concretamente desde el año 2013, sin embargo, en el certificado de empadronamiento aportado por la interesada consta que ella estuvo empadronada dos años en la avenida de América de Mataró hasta el 20 de enero de 2015 y en febrero de 2015 se empadronó en el domicilio del interesado. Por otro lado, el interesado es 54 años mayor que la interesada. No aportan pruebas de su relación.
Esta Dirección General, a propuesta del Subdirector General de Nacionalidad y Estado Civil, ha acordado: desestimar el recurso interpuesto y confirmar la resolución apelada.

Un hombre de nacionalidad española y una mujer de nacionalidad marroquí solicitan ante el Registro Civil autorización para la celebración de matrimonio Civil. Se adjunta la documentación legalmente exigida y comparecen dos testigos quienes manifiestan que tienen pleno convencimiento de que le matrimonio proyectado no incurre en prohibición legal alguna. Tras las audiencias a las partes, el encargado del Registro Civil deniega su autorización.

De las audiencias celebradas se desprenden "grandes discrepancias de los cónyuges acerca de cómo se conocieron", además él declara que "ha sido intervenido dos veces quirúrgicamente, mientras que ella declara que él no ha sido intervenido quirúrgicamente nunca". Discrepan así también acerca de los gustos culinarios que posee cada uno. Por último y aunque no resulta determinante, cabe destacar que él es 54 años mayor que ella.

b) Resolución de la DGRN de 10 de octubre de 2012[89].

---

[89] **Resolución de 10 de octubre de 2012 (30ª)** V.2.1-Autorización de matrimonio s*e deniega porque hay datos objetivos bastantes para deducir la ausencia de consentimiento matrimonial.* En las actuaciones sobre autorización para contraer matrimonio civil remitidas a este Centro n trámite de recurso, por virtud del interpuesto por los interesados contra acuerdo del Juez encargado del Registro Civil de Algeciras.
HECHOS
1.- Mediante escrito presentado en el Registro Civil de Algeciras, Don R. nacido en U. el 14 en julio de 1930 y de nacionalidad española, y Doña S. nacida el 20 de enero de 1982 en Paraguay y de nacionalidad paraguaya, iniciaban expediente en solicitud de autorización para contraer matrimonio civil. Se acompañaba la siguiente documentación: fotocopia del registro civil de matrimonio y del interesado, literal de nacimiento del interesado, certificado de empadronamiento de los interesados, certificado de nacimiento de la interesada, fotocopia el pasaporte de la interesada.
2.- Ratificados los interesados, comparece un testigo elegido por el instructor entre los propuestos por los solicitantes, a los efectos del artículo 244 del Reglamento del Registro civil, que manifiesta que tiene el pleno convencimiento de que el matrimonio proyectado no incurre en prohibición legal alguna. Se celebran las entrevistas en audiencia reservada. El ministerio Fiscal informa desfavorablemente. El Encargado del

---

Registro Civil, mediante auto de fecha 12 de marzo de 2010, deniega la autorización del matrimonio proyectado.
3.- Notificados los interesados éstos interponen recurso ante la Dirección General de los registros y del Notariado volviendo a solicitar la autorización para contraer matrimonio, o presentan pruebas adicionales.
4.- Notificado el Ministerio Fiscal, éste se ratifica en la oposición a la inscripción. El Encargado ordena la remisión del expediente a la Dirección General de los Registros y del Notariado ara la resolución del recurso.
FUNDAMENTOS DE DERECHO
I.- Vistos los artículos 16 de la Declaración Universal de Derechos Humanos; 12 del Convenio e Roma de 4 de noviembre de 1950, sobre protección de los derechos humanos y de las libertades fundamentales; 23 del Pacto Internacional de Nueva York de 19 de diciembre de 1966 e derechos civiles y políticos; la resolución del Consejo de la Unión Europea de 4 de diciembre de 1997 sobre las medidas que deberán adoptarse en materia de lucha contra los matrimonios fraudulentos; los artículos 10, 14 y 32 de la Constitución; 3, 6, 7, 44, 45,73 y 74 del Código civil; 86 de la LEC; 238, 245, 246, 247 y 358 del Reglamento del Registro Civil; a Instrucción de 9 de enero de 1995; la Instrucción de 31 de enero de 2006; y las resoluciones, entre otras, de 30-2ª de diciembre de 2005; 31-3ª de mayo, 27-3ª y 4ª de junio, 10-4ª, 13-1ª y 20- ª de julio, 1-4ª, 7-3ª y 9-2ª de septiembre, 9-1ª, 3ª y 5ª de octubre, 14-2ª, 5ª y 6ª de noviembre 13-4ª y 5ª de diciembre de 2006; 25-1ª, 3ª y 4ª de enero, 2-1ª , 22-2ª, 27-3ª y 28-4ª de febrero, 0-5ª de abril, 28-6ª y 30-4ª de mayo, 11-3ª y 4ª, 12-3ª de septiembre, 29-4ª y 6ª de noviembre, 4-1ª y 4ª y 26-5ª de diciembre de 2007, 24-4ª de abril y 19-2ª de diciembre de 2008.
II.- En el expediente previo para la celebración del matrimonio es un trámite imprescindible a audiencia personal, reservada y por separado de cada contrayente, que debe efectuar l Instructor, asistido del Secretario, para cerciorarse de la inexistencia del impedimento de ligamen o de cualquier otro obstáculo legal para la celebración (cfr. artículo 246 R.R.C.).
III.- La importancia de este trámite ha aumentado en los últimos tiempos, especialmente n los matrimonios entre español y extranjero, en cuanto que por él puede en ocasiones descubrirse el verdadero propósito fraudulento de las partes, que no desean en realidad ligarse con el vínculo matrimonial, sino aprovecharse de la apariencia matrimonial para obtener las ventajas que del matrimonio resultan para el extranjero. Si, a través de este trámite o de otros medios, el encargado llega a la

Un hombre de nacionalidad española y una mujer de nacionalidad paraguaya solicitan ante el Registro Civil autorización para la celebración de matrimonio. Se acompaña la documentación pertinente y comparece una persona en calidad de testigo quien

---

convicción de que existe simulación, no debe autorizar un matrimonio nulo por falta de verdadero consentimiento matrimonial (cfr. artículos 45 y 73-1º CC).

IV.- Ahora bien, las dificultades prácticas de la prueba de la simulación son sobradamente conocidas. No existiendo normalmente pruebas directas de ésta, es casi siempre necesario acudir a la prueba de presunciones, es decir, deducir de un hecho o de nos hechos demostrados, mediante un enlace preciso y directo según las reglas del criterio humano, la ausencia de consentimiento que se trata de probar (cfr. artículo 386 LEC).

V.- En el caso actual se trata de la solicitud de autorización para contraer matrimonio civil n España entre un ciudadano español y una ciudadana paraguaya y de las audiencias reservadas se desprenden determinados hechos objetivos de los que cabe deducir que el matrimonio que se pretende celebrar no persigue los fines propios de esta institución. El interesado desconoce el nombre completo de la interesada pues afirma que se llama G. cuando su nombre el S. desconoce igualmente la fecha y lugar de nacimiento de la interesada sí como la diferencia exacta de edad entre ambos, dice 50 años cuando son 52; ella por su arte altera el orden de los apellidos de él y desconoce la fecha de nacimiento pero dice que a diferencia de edad son 63 años, él manifiesta que no conviven que se ven cada 3 o 4 días que ella pasa unos fines de semana con él y otros en otra localidad con su hermana, sin embargo la promotora dice que no tiene familia en España, discrepan en unos 5 meses en elación con el momento en que se conocieron y desconocen datos familiares como número e hermanos de ambos y circunstancias de los mismos, discrepan en los gustos culinarios de cada uno y en los regalos últimos que se han hecho la interesada tampoco conoce la fecha de nacimiento de su novio; a ello hay que sumar la gran diferencia de edad entre ambos, de 52 años y algunas otras incongruencias de menos importancia. Todos estos hechos llevan a la conclusión de que el matrimonio proyectado no persigue los fines propios de esta institución.

Esta Dirección ha acordado, de conformidad con la propuesta reglamentaria, desestimar el recurso interpuesto y confirmar el auto apelado.

manifiesta que tiene el pleno convencimiento de que el matrimonio proyectado no incurre en prohibición legal alguna. Tras la celebración de las audiencias reservadas a ambos cónyuges, el Ministerio Fiscal se opone a su celebración y finalmente es el encargado del Registro Civil quien deniega su autorización de celebración.

De las audiencias celebradas se desprende que "ambos desconocen el nombre completo del otro cónyuge y el tiempo que llevan juntos". Además, discrepan en cuanto a datos familiares del otro, y aunque no resulta determinante cabe destacar que hay entre ambos una diferencia de edad de 52 años.

c) Resolución de la DGRN de 20 de mayo de 2014[90].

---

90 **Resolución de 20 de mayo de 2014 (6ª)** IV.2.1-Autorización de matrimonio *Se deniega porque hay datos objetivos bastantes para deducir la ausencia de consentimiento matrimonial.* En el expediente sobre autorización para contraer matrimonio remitido a este Centro en trámite de recurso, por virtud del entablado por los interesados, contra auto de la encargada del Registro Civil de Blanes.
HECHOS
1.- Mediante escrito presentado en el Registro Civil, Doña N. A. R. nacida en España y de nacionalidad española y Don L. N. nacido en Senegal y de nacionalidad senegalesa, iniciaban expediente en solicitud de autorización para contraer matrimonio civil. Se acompañaba la siguiente documentación: certificados de nacimiento, volantes de empadronamiento de los interesados, certificado de matrimonio con inscripción de divorcio Sra. A. y certificado de soltería Sr. L.
2.- Ratificados los interesados, comparecen dos testigos que manifiesta que le consta que el matrimonio proyectado no incurre en prohibición legal alguna. Se celebra las entrevistas en audiencia reservada. El Ministerio Fiscal informa desfavorablemente. La encargada del Registro Civil mediante auto de fecha 6 de febrero de 2013 no autoriza la celebración del matrimonio proyectado.
3.- Notificados los interesados, éstos interponen recurso volviendo a solicitar se autorice la celebración del matrimonio.
4.-Notificado el Ministerio Fiscal, éste interesa la desestimación del recurso interpuesto y la confirmación de la resolución recurrida. La encargada ordena la remisión del expediente a la Dirección General de los Registros y del Notariado para la resolución del recurso.

FUNDAMENTOS DE DERECHO

I.- Vistos los artículos 16 de la Declaración Universal de Derechos Humanos; 12 del Convenio de Roma de 4 de noviembre de 1950, sobre protección de los derechos humanos y de las libertades fundamentales; 23 del Pacto Internacional de Nueva York de 19 de diciembre de 1966 de derechos civiles y políticos; la resolución del Consejo de la Unión Europea de 4 de diciembre de 1997 sobre las medidas que deberán adoptarse en materia de lucha contra los matrimonios fraudulentos; los artículos 10, 14 y 32 de la Constitución; 3, 6, 7, 44, 45, 73 y 74 del CC; 386 de la LEC; 238, 245, 246, 247 y 358 del Reglamento del Registro Civil; la Instrucción de 9 de enero de 1995; la Instrucción de 31 de enero de 2006; y las resoluciones, entre otras, de 30-2ª de diciembre de 2005; 31-3ª de mayo, 27-3ª y 4ª de junio, 10-4ª, 13-1ª y 20-3ª de julio, 1-4ª, 7-3ª y 9-2ª de septiembre, 9-1ª, 3ª y 5ª de octubre, 14-2ª, 5ª y 6ª de noviembre y 13-4ª y 5ª de diciembre de 2006; 25-1ª, 3ª y 4ª de enero, 2-1ª , 22-2ª, 27-3ª y 28-4ª de febrero, 30-5ª de abril, 28-6ª y 30-4ª de mayo, 11-3ª y 4ª, 12-3ª de septiembre, 29-4ª y 6ª de noviembre, 14-1ª y 4ª y 26-5ª de diciembre de 2007, 24-4ª de abril y 19-2ª de diciembre de 2008.

II- En el expediente previo para la celebración del matrimonio es un trámite imprescindible la audiencia personal, reservada y por separado de cada contrayente, que debe efectuar el Instructor, asistido del Secretario, para cerciorarse de la inexistencia del impedimento de ligamen o de cualquier otro obstáculo legal para la celebración (cfr. artículo 246 RRC).

III.- La importancia de este trámite ha aumentado en los últimos tiempos, especialmente en los matrimonios entre español y extranjero, en cuanto que por él puede en ocasiones descubrirse el verdadero propósito fraudulento de las partes, que no desean en realidad ligarse con el vínculo matrimonial, sino aprovecharse de la apariencia matrimonial para obtener las ventajas que del matrimonio resultan para el extranjero. Si, a través de este trámite o de otros medios, el Encargado llega a la convicción de que existe simulación, no debe autorizar un matrimonio nulo por falta de verdadero consentimiento matrimonial (cfr. artículos 45 y 73-1º del CC).

IV.- Ahora bien, las dificultades prácticas de la prueba de la simulación son sobradamente conocidas. No existiendo normalmente pruebas directas de ésta, es casi siempre necesario acudir a la prueba de presunciones, es decir, deducir de un hecho o de unos hechos demostrados, mediante un enlace preciso y directo según las reglas del criterio humano, la ausencia de consentimiento que se trata de probar (cfr. artículo 386 de la LEC).

Una ciudadana de nacionalidad española y un hombre de nacionalidad senegalesa solicitan autorización para la celebración de matrimonio civil. Se adjunta la documentación necesaria y comparecen dos testigos que manifiestan que tienen el convencimiento de que el matrimonio proyectado no incurre en prohibición legal alguna. Se realizan las audiencias reservadas a las

---

V.- En el caso actual se trata de la solicitud de autorización para contraer matrimonio civil en España entre una ciudadana española y un ciudadano senegalés y de las audiencias reservadas se desprenden determinados hechos objetivos de los que cabe deducir que el matrimonio que se pretende celebrar no persigue los fines propios de esta institución. Existen una serie de contradicciones e imprecisiones como que el interesado declara que los padres de su pareja residen en T. mientras que la interesada manifiesta que su padre ha fallecido y su madre reside en una residencia en P., declara él que el ultimo regalo se lo hizo a ella en Reyes y ella dice que no, ignora el interesado si su pareja ha padecido alguna enfermedad grave y manifiesta que él si mientras que ella dice que no. Por otra parte la Policía Nacional informa que de las declaraciones realizadas existen contradicciones en relación a la actividad laboral de la interesada que percibe pensión de desempleo según ella por " mujer maltratada" y según el interesado realiza una actividad laboral, pero además en el domicilio donde dicen que conviven que es propiedad del exmarido de la interesada que se encuentra en prisión, nadie sufraga los gastos de agua, luz, gas y la hipoteca estando previsto un posible desahucio que afectaría a los interesados y a los tres hijos de la Sra. A. así como a una hermana que convive con ellos, además según consta en el informe policial intentaron los interesados la inscripción como pareja de hecho para regularizar la situación del Sr. L. y ante la imposibilidad por carecer el Ayuntamiento de Blanes de dicho registro , proceden a solicitar autorización de matrimonio con fecha 24 de octubre de 2012, por lo que considera el citado informe que la finalidad "es regularizar la situación del Sr. L.". Finalmente, y sin que sea determinante existe una diferencia de edad de aproximadamente 19 años y el interesado se encuentra en situación irregular en España y figura empadronado en el mismo domicilio de la interesada en marzo de 2012, fecha desde que declaran que conviven.
Esta Dirección General, a propuesta del Subdirector General de Nacionalidad y Estado Civil, ha acordado: desestimar el recurso interpuesto y confirmar la resolución apelada.

partes y finalmente la encargada del Registro Civil no autoriza su celebración.

De las audiencias reservadas se desprende que "el interesado declara que los padres de la interesada residen en T., mientras que ella declara que su padre ha fallecido y su madre vive en una residencia en P.", por su parte, ella ignora si "él ha padecido alguna enfermedad grave, mientras él afirma que sí". Por último, existe una diferencia de edad aproximada de 19 años entre los cónyuges y "él se encuentra en situación irregular en España".

d) Resolución de la DGRN de 9 de marzo 2011[91].

Un ciudadano de origen español y una ciudadana de origen marroquí solicitan autorización para contraer matrimonio civil.

---

[91] **Resolución de 9 de marzo de 2011 (10ª)** IV.2.1- Autorización de matrimonio. *Se deniega porque hay datos objetivos bastantes para deducir la ausencia de consentimiento matrimonial.* En el expediente sobre autorización para contraer matrimonio remitido a este Centro en trámite de recurso, por virtud del entablado por el interesado, contra auto del Juez Encargado del Registro Civil de Andújar.

HECHOS

1.- Mediante escrito presentado en el Registro Civil, Don A. nacido en A. el 5 de mayo de 1951 y de nacionalidad española, iniciaba expediente en solicitud de autorización para contraer matrimonio civil con Doña H., nacida en Marruecos el 19 de abril de 1979 y de nacionalidad marroquí. Se acompañaba la siguiente documentación: certificado de nacimiento, certificado de estado civil y volante de empadronamiento del interesado y certificado de nacimiento, sentencia de divorcio y volante de empadronamiento de la interesada.

2.- Ratificados los interesados, comparecen dos testigos que manifiestan que tiene el pleno convencimiento de que el matrimonio proyectado no incurre en prohibición legal alguna. Se celebra las entrevistas en audiencia reservada. El Ministerio Fiscal informa favorablemente. El Juez Encargado del Registro Civil mediante auto de fecha 11 de febrero de 2009 deniega la autorización del matrimonio proyectado ya que no existe consentimiento matrimonial.

3.- Notificados los interesados, el interesado interpone recurso ante la Dirección General de los Registros y del Notariado volviendo a solicitar la autorización para contraer matrimonio.

4.-Notificado el Ministerio Fiscal, éste impugna el recurso interpuesto. El Juez Encargado ordena la remisión del expediente a la Dirección General de los Registros y del Notariado para la resolución del recurso.
FUNDAMENTOS DE DERECHO
I.- Vistos los artículos 16 de la Declaración Universal de Derechos Humanos; 12 del Convenio de Roma de 4 de noviembre de 1950, sobre protección de los derechos humanos y de las libertades fundamentales; 23 del Pacto Internacional de Nueva York de 19 de diciembre de 1966 de derechos civiles y políticos; la resolución del Consejo de la Unión Europea de 4 de diciembre de 1997 sobre las medidas que deberán adoptarse en materia de lucha contra los matrimonios fraudulentos; los artículos 10, 14 y 32 de la Constitución; 3, 6, 7, 44, 45, 73 y 74 del Código civil; 386 de la Ley de Enjuiciamiento Civil; 238, 245, 246, 247 y 358 del Reglamento del Registro Civil; la Instrucción de 9 de enero de 1995; la Instrucción de 31 de enero de 2006; y las resoluciones, entre otras, de 30-2ª de diciembre de 2005; 31-3ª de mayo, 27-3ª y 4ª de junio, 10-4ª, 13-1ª y 20-3ª de julio, 1-4ª, 7-3ª y 9-2ª de septiembre, 9-1ª, 3ª y 5ª de octubre, 14-2ª, 5ª y 6ª de noviembre y 13-4ª y 5ª de diciembre de 2006; 25-1ª, 3ª y 4ª de enero, 2-1ª , 22-2ª, 27-3ª y 28-4ª de febrero, 30-5ª de abril, 28-6ª y 30-4ª de mayo, 11-3ª y 4ª, 12-3ª de septiembre, 29-4ª y 6ª de noviembre, 14-1ª y 4ª y 26-5ª de diciembre de 2007, 24-4ª de abril y 19-2ª de diciembre de 2008.
II.- En el expediente previo para la celebración del matrimonio es un trámite imprescindible la audiencia personal, reservada y por separado de cada contrayente, que debe efectuar el Instructor, asistido del Secretario, para cerciorarse de la inexistencia del impedimento de ligamen o de cualquier otro obstáculo legal para la celebración (cfr. artículo 246 RRC).
III.- La importancia de este trámite ha aumentado en los últimos tiempos, especialmente en los matrimonios entre español y extranjero, en cuanto que por él puede en ocasiones descubrirse el verdadero propósito fraudulento de las partes, que no desean en realidad ligarse con el vínculo matrimonial, sino aprovecharse de la apariencia matrimonial para obtener las ventajas que del matrimonio resultan para el extranjero. Si, a través de este trámite o de otros medios, el Encargado llega a la convicción de que existe simulación, no debe autorizar un matrimonio nulo por falta de verdadero consentimiento matrimonial (cfr. artículos 45 y 73-1º del CC).
IV.- Ahora bien, las dificultades prácticas de la prueba de la simulación son sobradamente conocidas. No existiendo normalmente pruebas

Se acompaña la documentación pertinente y comparecen dos personas en calidad de testigos quienes afirman que tienen el pleno convencimiento de que el matrimonio no incurre en prohibición legal alguna. Tras la realización de las audiencias reservadas de los cónyuges. El encargado del Registro Civil finalmente deniega la autorización de celebración.

De las audiencias reservadas a los interesados se desprende "el interesado desconoce todo sobre la familia de ella, no conoce a sus padres, ni sus nombres, ni sabe en que trabajan". Asimismo, el interesado afirma "que llevan como pareja desde septiembre de 2008 y ella que lo son desde mayo de 2008". Por último y aunque no resulta determinante el interesado es 28 años mayor que ella.

---

directas de ésta, es casi siempre necesario acudir a la prueba de presunciones, es decir, deducir de un hecho o de unos hechos demostrados, mediante un enlace preciso y directo según las reglas del criterio humano, la ausencia de consentimiento que se trata de probar (cfr. artículo 386 de la LEC).

V.- En el caso actual se trata de la solicitud de autorización para contraer matrimonio civil entre un español y una marroquí y de las audiencias reservadas se desprenden determinados hechos objetivos de los que cabe deducir que el matrimonio que se pretende celebrar no persigue los fines propios de esta institución. El interesado desconoce todo sobre la familia de ella, no conoce a los padres ni su nombre, no sabe en que trabajan, donde viven, dice que ella tiene tres hermanos, pero no sabe cómo se llaman. Manifiesta que ella trabajó en una fábrica textil cuando ella declara que trabajó como peluquera. El interesado dice que llevan como pareja desde septiembre de 2008 y ella afirma que desde mayo de 2008. Por otra parte, y aunque no es determinante, el interesado es 28 años mayor que la interesada. Todos estos hechos llevan a la conclusión de que el matrimonio proyectado no persigue los fines propios de esta institución sino otros, muy probablemente de carácter migratorio.

Esta Dirección General ha acordado, de conformidad con la propuesta reglamentaria, desestimar el recurso interpuesto y confirmar el auto apelado.

E) Confesión de conveniencia de la celebración del matrimonio por parte de algún cónyuge.

a) Resolución de la DGRN de 5 de junio de 2015[92].

---

[92] **Resolución de 05 de junio de 2015 (11ª)** IV.2.1 Autorización de matrimonio *Se deniega porque hay datos objetivos bastantes para deducir la ausencia de consentimiento matrimonial.* En el expediente sobre autorización para contraer matrimonio remitido a este Centro en trámite de recurso, por virtud del entablado por los interesados, contra auto del Encargado del Registro Civil de Mocejón.
HECHOS
1.- Mediante escrito presentado en el Registro Civil, Doña R. C. V. nacida en España y de nacionalidad española y Don T. F. nacido en Marruecos y de nacionalidad marroquí, solicitaban la autorización para contraer matrimonio. Se acompañaba la siguiente documentación: certificado de nacimiento y volante de empadronamiento de la interesada y certificación literal de acta de nacimiento, certificado de soltería y volante de empadronamiento del interesado.
2.- Ratificados los interesados, comparecen dos testigos que manifiestan que tienen el pleno convencimiento de que el matrimonio proyectado no incurre en prohibición legal alguna. Se celebran las entrevistas en audiencia reservada. El Ministerio Fiscal se opone a la celebración del Resoluciones de la Dirección General de los Registros y del Notariado del Registro Civil de matrimonio. El Encargado del Registro Civil mediante auto de fecha 1 de septiembre de 2014 no autoriza la celebración del matrimonio, por no existir consentimiento matrimonial.
3.- Notificados los interesados, éstos interponen recurso ante la Dirección General de los Registros y del Notariado, volviendo a solicitar la autorización para contraer matrimonio.
4.- Notificado el Ministerio Fiscal, éste impugna el recurso e interesa la confirmación de la resolución recurrida. El Encargado del Registro Civil ordena la remisión del expediente a la Dirección General de los Registros y del Notariado para la resolución del recurso.
FUNDAMENTOS DE DERECHO
I.- Vistos los artículos 16 de la Declaración Universal de Derechos Humanos; 12 del Convenio de Roma de 4 de noviembre de 1950, sobre protección de los derechos humanos y de las libertades fundamentales; 23 del Pacto Internacional de Nueva York de 19 de diciembre de 1966 de derechos civiles y políticos; la resolución del Consejo de la Unión Europea de 4 de diciembre de 1997 sobre las medidas que deberán

---

adoptarse en materia de lucha contra los matrimonios fraudulentos; los artículos 10, 14 y 32 de la Constitución; 3, 6, 7, 44, 45, 73 y 74 del CC; 386 de la LEC; 238, 245, 246, 247 y 358 del Reglamento del Registro Civil; la Instrucción de 9 de enero de 1995; la Instrucción de 31 de enero de 2006; y las resoluciones, entre otras, de 30-2ª de diciembre de 2005; 31-3ª de mayo, 27-3ª y 4ª de junio, 10-4ª, 13-1ª y 20-3ª de julio, 1-4ª, 7-3ª y 9-2ª de septiembre, 9-1ª, 3ª y 5ª de octubre, 14-2ª, 5ª y 6ª de noviembre y 13-4ª y 5ª de diciembre de 2006; 25-1ª, 3ª y 4ª de enero, 2-1ª , 22-2ª, 27-3ª y 28-4ª de febrero, 30-5ª de abril, 28-6ª y 30-4ª de mayo, 11-3ª y 4ª, 12-3ª de septiembre, 29-4ª y 6ª de noviembre, 14-1ª y 4ª y 26-5ª de diciembre de 2007, 24-4ª de abril y 19-2ª de diciembre de 2008.

II.- En el expediente previo para la celebración del matrimonio es un trámite imprescindible la audiencia personal, reservada y por separado de cada contrayente, que debe efectuar el Instructor, asistido del Secretario, para cerciorarse de la inexistencia del impedimento de ligamen o de cualquier otro obstáculo legal para la celebración (*cfr.* artículo 246 RRC).

III.- La importancia de este trámite ha aumentado en los últimos tiempos, especialmente en los matrimonios entre español y extranjero, en cuanto que por él puede en ocasiones descubrirse el verdadero propósito fraudulento de las partes, que no desean en realidad ligarse con el vínculo matrimonial, sino aprovecharse de la apariencia matrimonial para obtener las ventajas que del matrimonio resultan para el extranjero. Si, a través de este trámite o de otros medios, el Encargado llega a la convicción de que existe simulación, no debe autorizar un matrimonio nulo por falta de verdadero consentimiento matrimonial (*cfr.* artículos 45 y 73-1º del CC).

IV.- Ahora bien, las dificultades prácticas de la prueba de la simulación son sobradamente conocidas. No existiendo normalmente pruebas directas de ésta, es casi siempre necesario acudir a la prueba de presunciones, es decir, deducir de un hecho o de unos hechos demostrados, mediante un enlace preciso y directo según las reglas del criterio humano, la ausencia de consentimiento que se trata de probar (*cfr.* artículo 386 de la LEC).

V.- En el caso actual se trata de la solicitud de autorización para contraer matrimonio civil entre una ciudadana española y un ciudadano marroquí y de las audiencias reservadas se desprenden determinados hechos objetivos de los que cabe deducir que el matrimonio que se pretende celebrar no persigue los fines propios de esta institución. Ambos declaran que es la segunda vez que inician un expediente de matrimo-

Un hombre de nacionalidad marroquí y una mujer de nacionalidad española, solicitan autorización para la celebración de matrimonio civil. Se acompaña la documentación pertinente y comparecen dos testigos los cuales manifiestan que tienen el pleno convencimiento de que el matrimonio proyectado no incurre en prohibición legal alguna. Tras la celebración de las audiencias reservadas a los cónyuges, el Ministerio Fiscal informa desfavorablemente siendo el encargado del Registro Civil quien deniega la autorización de la celebración del matrimonio.

De las audiencias reservadas se desprende que "se trata de la segunda vez que ambos inician un expediente para conseguir la autorización para celebrar el matrimonio". Además, él afirma que "se quiere casar porque se encuentra de manera ilegal en España que sabe que si se casa tendrá los papeles". No obstante, también discrepan cuando se le realizan preguntas en torno a sus vidas personales y familiares.

---

nio, pero mientras que la interesada declara que lo hace porque está casada por el islam y quiere tener un matrimonio legal porque tiene una hija con el interesado, éste afirma que se quiere casar porque está de manera ilegal en España y que si se casa tiene papeles, que no puede ir a su país a ver a su familia. Tienen una hija en común, pero ninguno de los dos da la fecha exacta de nacimiento, ya que él dice que la niña nació en 2013 y ella dice que nació en 2013, en M. lo cierto es que la menor nació en T. el 2012. La interesada dice que han tenido que llevar a la niña varias veces el médico, sin embargo, él declara que la niña ha estado pocas veces enferma. La interesada manifiesta que lo último que han comprado para la niña ha sido ropa de verano y pañales, sin embargo, él dice que le han comprado cosas de Marruecos, como una chilaba y chanclas de piel.
Esta Dirección General, a propuesta del Subdirector General de Nacionalidad y Estado Civil, ha acordado: desestimar el recurso interpuesto y confirmar la resolución apelada. Madrid, 05 de junio de 2015 Firmado: El Director General: Francisco Javier Gómez Gálligo. Sr. Juez Encargado del Registro Civil de Mocejón (Toledo).

b) Resolución de la DGRN de 5 de julio de 2013[93].

---

93 **Resolución de 05 de Julio de 2013 (22ª).**
IV.2.1-Autorización de matrimonio, *Se deniega porque hay datos objetivos bastantes para deducir la ausencia de consentimiento matrimonial.* En el expediente sobre autorización para contraer matrimonio remitido a este Centro en trámite de recurso, por virtud del entablado por los interesados, contra auto de la encargada del Registro Civil de Adeje.
HECHOS
1.- Mediante escrito presentado en el Registro Civil, Don N-V. nacido en Cuba y de nacionalidad española recuperada con fecha 07 de septiembre de 2000 y Doña Z. nacida en Cuba y de nacionalidad cubana iniciaban expediente en solicitud de autorización para contraer matrimonio civil. Se acompañaba la siguiente documentación: certificados de nacimiento, certificado de matrimonio con inscripción de divorcio Sr. G. fe de vida y estado Sr. G. y certificado soltería Sra. D. y volante de empadronamiento
2.- Ratificados los interesados, comparecen dos testigos que manifiesta que le consta que el matrimonio proyectado no incurre en prohibición legal alguna. Se celebra las entrevistas en audiencia reservada. El Ministerio Fiscal informa desfavorablemente. El encargado del Registro Civil mediante auto de fecha 09 de agosto de 2010 no autoriza la celebración del matrimonio proyectado.
3.- Notificados los interesados, éstos interponen recurso volviendo a solicitar se autorice la celebración del matrimonio.
4.-Notificado el Ministerio Fiscal, éste interesa la desestimación del recurso interpuesto y la confirmación de la resolución recurrida. El encargado ordena la remisión del expediente a la Dirección General de los Registros y del Notariado para la resolución del recurso.
FUNDAMENTOS DE DERECHO
I.- Vistos los artículos 16 de la Declaración Universal de Derechos Humanos; 12 del Convenio de Roma de 4 de noviembre de 1950, sobre protección de los derechos humanos y de las libertades fundamentales; 23 del Pacto Internacional de Nueva York de 19 de diciembre de 1966 de derechos civiles y políticos; la resolución del Consejo de la Unión Europea de 4 de diciembre de 1997 sobre las medidas que deberán adoptarse en materia de lucha contra los matrimonios fraudulentos; los artículos 10, 14 y 32 de la Constitución; 3, 6, 7, 44, 45, 73 y 74 del Código civil; 386 de la Ley de Enjuiciamiento Civil; 238, 245, 246, 247 y 358 del Reglamento del Registro Civil; la Instrucción de 9 de enero de 1995; la Instrucción de 31 de enero de 2006; y las resoluciones, entre

otras, de 30-2ª de diciembre de 2005; 31-3ª de mayo, 27-3ª y 4ª de junio, 10-4ª, 13-1ª y 20-3ª de julio, 1-4ª, 7-3ª y 9-2ª de septiembre, 9-1ª, 3ª y 5ª de octubre, 14-2ª, 5ª y 6ª de noviembre y 13-4ª y 5ª de diciembre de 2006; 25-1ª, 3ª y 4ª de enero, 2-1ª , 22-2ª, 27-3ª y 28-4ª de febrero, 30-5ª de abril, 28-6ª y 30-4ª de mayo, 11-3ª y 4ª, 12-3ª de septiembre, 29-4ª y 6ª de noviembre, 14-1ª y 4ª y 26-5ª de diciembre de 2007, 24-4ª de abril y 19-2ª de diciembre de 2008.
II.- En el expediente previo para la celebración del matrimonio es un trámite imprescindible la audiencia personal, reservada y por separado de cada contrayente, que debe efectuar el Instructor, asistido del Secretario, para cerciorarse de la inexistencia del impedimento de ligamen o de cualquier otro obstáculo legal para la celebración (cfr. artículo 246 RRC).
III.- La importancia de este trámite ha aumentado en los últimos tiempos, especialmente en los matrimonios entre español y extranjero, en cuanto que por él puede en ocasiones descubrirse el verdadero propósito fraudulento de las partes, que no desean en realidad ligarse con el vínculo matrimonial, sino aprovecharse de la apariencia matrimonial para obtener las ventajas que del matrimonio resultan para el extranjero. Si, a través de este trámite o de otros medios, el Encargado llega a la convicción de que existe simulación, no debe autorizar un matrimonio nulo por falta de verdadero consentimiento matrimonial (cfr. artículos 45 y 73-1º del CC.).
IV.- Ahora bien, las dificultades prácticas de la prueba de la simulación son sobradamente conocidas. No existiendo normalmente pruebas directas de ésta, es casi siempre necesario acudir a la prueba de presunciones, es decir, deducir de un hecho o de unos hechos demostrados, mediante un enlace preciso y directo según las reglas del criterio humano, la ausencia de consentimiento que se trata de probar (cfr. artículo 386 de la LEC).
V.- En el caso actual se trata de la solicitud de autorización para contraer matrimonio civil en España entre un ciudadano español y una ciudadana cubana y de las audiencias reservadas se desprenden determinados hechos objetivos de los que cabe deducir que el matrimonio que se pretende celebrar no persigue los fines propios de esta institución. Así la Sra. D. declara que han decido contraer matrimonio porque hace poco intento resolver sus papeles y no lo consiguió, y que quieren estar organizados por cualquier cosa que pase. A la vista de las declaraciones realizadas en la audiencia reservada tanto el Ministerio Fiscal como el Juez Encargado del Registro Civil han deducido la inexistencia de una

Un hombre cubano nacionalizado español mediante la recuperación de la nacionalidad y una mujer cubana solicitan autorización para la celebración de matrimonio civil. Se acompaña la documentación pertinente y comparecen dos testigos quienes manifiestan que tienen el convencimiento de que le matrimonio proyectado no incurre en ilegalidad. Se realizan las audiencias reservadas a los cónyuges y finalmente en encargado del Registro Civil deniega su autorización.

De las audiencias reservadas se extrae que "ella ha decidido contraer matrimonio porque hace poco intentó resolver sus papeles y no lo consiguió", asimismo, también declara que "le gustaría casarse para obtener los papeles ya que quieren estar organizados por cualquier cosa que pueda pasar".

c) Resolución de la DGRN de 3 de marzo de 2011[94].

---

voluntad de contraer matrimonio con fines propios de la institución. Su deducción no es ilógica ni arbitraria y siempre ha de tenerse en cuenta que, por razones de inmediación, las personas que han presenciado las manifestaciones de los interesados son las que están en mejores condiciones para apreciar una posible simulación.
Esta Dirección General, a propuesta del Subdirector General de Nacionalidad y Estado Civil, ha acordado; desestimar el recurso interpuesto y confirmar la resolución apelada.

94 **Resolución de 3 de marzo de 2011 (12ª)** IV.2.1- Autorización de matrimonio. *Se deniega porque hay datos objetivos bastantes para deducir la ausencia de consentimiento matrimonial.* En el expediente sobre autorización para contraer matrimonio remitido a este Centro en trámite de recurso, por virtud del entablado por los interesados, contra auto de la Juez Encargada del Registro Civil de Ciutadella.
HECHOS
1.- Mediante escrito presentado en el Registro Civil, Don P. nacido en Rumanía el 4 de agosto de 1987 y de nacionalidad rumana, con permiso de residencia en España, y Doña M. nacida el 7 de marzo de 1978 en Paraguay y de nacionalidad paraguaya, iniciaban expediente en solicitud de autorización para contraer matrimonio civil. Se acompañaba la siguiente documentación: certificado de nacimiento, certificado de estado civil y volante de empadronamiento del interesado y certificado

de nacimiento, certificado de estado civil y volante de empadronamiento de la interesada.
2.- Ratificados los interesados, comparecen dos testigos que manifiestan que tienen el pleno convencimiento de que el matrimonio proyectado no incurre en prohibición legal alguna. Se celebra las entrevistas en audiencia reservada. El Ministerio Fiscal informa desfavorablemente. La Juez Encargada del Registro Civil mediante auto de fecha 7 de abril de 2009 deniega la autorización del matrimonio proyectado ya que no existe un verdadero y válido consentimiento matrimonial y sí una posible simulación de matrimonio con fines bien distintos a los propios de esta institución.
3.- Notificados los interesados éstos interponen recurso ante la Dirección General de los Registros y del Notariado volviendo a solicitar la autorización para contraer matrimonio.
4.-Notificado el Ministerio Fiscal, éste considera que debe confirmarse en su integridad la resolución recurrida. La Juez Encargada ordena la remisión del expediente a la Dirección General de los Registros y del Notariado para la resolución del recurso.
FUNDAMENTOS DE DERECHO
I.- Vistos los artículos 16 de la Declaración Universal de Derechos Humanos; 12 del Convenio de Roma de 4 de noviembre de 1950, sobre protección de los derechos humanos y de las libertades fundamentales; 23 del Pacto Internacional de Nueva York de 19 de diciembre de 1966 de derechos civiles y políticos; la resolución del Consejo de la Unión Europea de 4 de diciembre de 1997 sobre las medidas que deberán adoptarse en materia de lucha contra los matrimonios fraudulentos.
II.- En el expediente previo para la celebración del matrimonio es un trámite imprescindible la audiencia personal, reservada y por separado de cada contrayente, que debe efectuar el Instructor, asistido del Secretario, para cerciorarse de la inexistencia del impedimento de ligamen o de cualquier otro obstáculo legal para la celebración (cfr. artículo 246 RRC).
III.- La importancia de este trámite ha aumentado en los últimos tiempos, especialmente en los matrimonios entre español y extranjero, en cuanto que por él puede en ocasiones descubrirse el verdadero propósito fraudulento de las partes, que no desean en realidad ligarse con el vínculo matrimonial, sino aprovecharse de la apariencia matrimonial para obtener las ventajas que del matrimonio resultan para el extranjero. Si, a través de este trámite o de otros medios, el Encargado llega a la convicción de que existe simulación, no debe autorizar un matrimonio

Un ciudadano de nacionalidad rumana, y con permiso de residencia en España y una ciudadana paraguaya solicitan autori-

---

nulo por falta de verdadero consentimiento matrimonial (cfr. artículos 45 y 73-1° del CC).
IV.- Ahora bien, las dificultades prácticas de la prueba de la simulación son sobradamente conocidas. No existiendo normalmente pruebas directas de ésta, es casi siempre necesario acudir a la prueba de presunciones, es decir, deducir de un hecho o de unos hechos demostrados, mediante un enlace preciso y directo según las reglas del criterio humano, la ausencia de consentimiento que se trata de probar (cfr. artículo 386 de la LEC).
V.- En el caso actual se trata de la solicitud de autorización para contraer matrimonio civil en España entre un rumano, con permiso de residencia en España y una paraguaya y de las audiencias reservadas se desprenden determinados hechos objetivos de los que cabe deducir que el matrimonio que se pretende celebrar no persigue los fines propios de esta institución. Discrepan en cómo y cuándo se conocieron, así el interesado dice que se conocieron hace un año en C. y que iniciaron su relación sentimental en abril de 2007, ella dice que fue hace un año, no se descifra el lugar donde se conocieron y que iniciaron su relación sentimental el 28 de marzo. El interesado dice que desde que se conocieron el contacto ha sido continuado sin viajes mientras que ella dice que fue telefónico y con viajes. Discrepan en dónde y cuándo decidieron contraer matrimonio manifestando el interesado que no lo recuerda. El interesado declara que los dos tienen creencias religiosas, mientras que ella dice que no las tiene. La interesada dice que trabaja en la limpieza en la empresa "M", el interesado dice que ella cuida a una señora. Ella desconoce donde ha nacido el interesado, tampoco sabe con exactitud el número de la calle donde se supone que residen. El interesado dice que contraerán matrimonio en C. y que a la boda irá una prima de ella, mientras que ella dice que no sabe dónde contraerán matrimonio y que a la boda irán todos sus familiares. Ella responde afirmativamente a la pregunta de su deseo es contraer matrimonio a fin de poder salir de su país y residir legalmente en España al ser su novio ciudadano comunitario. Todos estos hechos llevan a la conclusión de que el matrimonio proyectado no persigue los fines propios de esta institución sino otros, muy probablemente de carácter migratorio. Esta Dirección General ha acordado, de conformidad con la propuesta reglamentaria: desestimar el recurso interpuesto y confirmar el auto apelado.

zación para contraer matrimonio civil. Se adjunta la documentación legalmente exigida y comparecen dos personas en calidad de testigos quienes afirman que tienen el pleno convencimiento de que el matrimonio proyectado no incurre en prohibición legal alguna. Tras practicarse las audiencias reservadas a los cónyuges, el encargado del Registro Civil deniega su autorización.

De las audiencias reservadas se desprende que "discrepan en cómo y cuándo se conocieron", por su parte el interesado manifiesta que "ambos tienen creencias religiosas, mientras que ella declara que no las tiene". Ella también desconoce el lugar de nacimiento de él y tiene lagunas respecto al número y calle de donde dice que conviven juntos. Por último, ella "responde afirmativamente a la pregunta de que su deseo es contraer matrimonio a fin de poder salir de su país y residir legalmente en España al ser su novio ciudadano comunitario".

7. FORMAS DE COMBATIR LOS MATRIMONIOS DE CONVENIENCIA.

Para luchar contra los "matrimonios de conveniencia", las medidas a adoptar pasan por las siguientes: a) las presunciones como medio para acreditar un matrimonio de complacencia; b) la prueba de la simulación en expediente matrimonial previo a la autorización del matrimonio; c) La aplicación de la ley extranjera al consentimiento matrimonial; y d) la prueba de la simulación en la inscripción del matrimonio en el Registro Civil español cuando el matrimonio ha sido celebrado en el extranjero.

a) Las presunciones como medio para acreditar un matrimonio de complacencia.

Para evitar que se celebren matrimonios de complacencia debe aplicarse la mencionada Instrucción de la DGRN, de 9 de enero de 1995. La celebración del matrimonio civil, o en las formas religiosas de las iglesias evangélicas –Ley 24/1992, de 10 de noviembre–, la forma hebraica –Ley 25/1992– y la forma islámica –Ley 26/1992–, exige, cuando uno de los contrayentes es español y el consentimiento se va a prestar ante autoridad española, un expediente previo para acreditar la capacidad nupcial del mismo y su verdadera intención de contraer matrimonio, expediente que tiene por objeto verificar la concurrencia de todos los requisitos legales necesarios para la validez del matrimonio y, entre ellos, la existencia de un verdadero consentimiento matrimonial[95]. Se prevé la realización de un trámite de audiencia de cada uno de los contrayentes por separado y "de modo reservado" en el que el instructor del expediente puede y debe interrogar a los contrayentes para cerciorarse de la "verdadera intención matrimonial" de los mismos o, en su caso, descubrir posibles fraudes[96].

---

95 Así, p. ej., la sentencia de la Audiencia Provincial de Barcelona (Sección 18ª) de 8 de Noviembre de 1999, al tratar la nulidad de un matrimonio entre española y uruguayo, considera que hay muy poco espacio de tiempo entre la fecha del matrimonio, y el abandono del domicilio conyugal por parte del marido, poco más de tres meses, lo que no delata, dice el Tribunal, una verdadera causa de separación matrimonial, y sí delata en cambio la ausencia de consentimiento matrimonial, además el demandado abandona el que fuera domicilio conyugal, precisamente el mismo día que debía acudir a la Oficina de Extranjeros del Gobierno Civil a recoger su permiso de residencia en España. Se utiliza el juego de las presunciones dada la imposibilidad de conocer con exactitud la voluntad interna de una persona, sin embargo, se puede deducir la falta de consentimiento del análisis de los hechos previos, coetáneos y posteriores y del comportamiento del contrayente. Sigue diciendo la sentencia que las presunciones permiten deducir la existencia de reserva mental en el consentimiento de uno de los contrayentes mediante hechos externos y circunstancias objetivas.

96 La importancia de este trámite fue subrayada por la citada Instrucción de la DGRN, de 9 de enero de 1995, en la que se señaló que "un interrogatorio bien encauzado puede llegar a descubrir la intención fraudulenta de una o de las dos partes", de modo que dicho interrogatorio "debe servir para que el Instructor se asegure del verdadero propósito de los comparecientes y de la existencia en ambos de verdadero consentimiento matrimonial". El instructor podrá preguntar, por ejemplo,

En el mismo sentido, no debemos olvidar que cuando un español desea contraer matrimonio en el extranjero con arreglo a la forma establecida por la ley del lugar de celebración y esta ley exige la presentación de un certificado de capacidad matrimonial, el expediente previo para la celebración del matrimonio ha de instruirse conforme a las reglas generales, siendo, pues, trámite imprescindible la audiencia personal, reservada y por separado de cada contrayente, que debe efectuar el instructor para cerciorarse de la inexistencia del impedimento de ligamen o de cualquier otro obstáculo legal para la celebración, incluida la eventual simulación del consentimiento.

b) La prueba de la simulación en expediente matrimonial previo a la autorización del matrimonio.

Señala la DGRN, en su Instrucción de 2006, que cuando el matrimonio se ha celebrado en el extranjero, se puede proceder a su inscripción en el Registro Civil español a través de dos mecanismos registrales alternativos: a) a través de la certificación extranjera en la que conste la celebración del matrimonio; o, b) en su defecto, a través de un expediente registral para acreditar la legalidad del matrimonio y la certeza de su celebración. No obstante, en ambos casos, el Encargado del Registro Civil en cuestión ha de realizar un control de la "legalidad del hecho con arreglo a la ley española", ya que sólo así se garantiza que accedan al Registro Civil actos válidos y eficaces.

---

sobre las intenciones de vida en común de los contrayentes, hijos que desearían tener, desde cuándo dura la relación, cómo piensan organizar la convivencia común, etc. Son datos que permiten revelar si los contrayentes desean "formar una familia" o, con otras palabras, "asumir los derechos y deberes del matrimonio". El interrogatorio efectuado por la Autoridad española debe ser lo más completo posible. Un interrogatorio puramente formulario, de escasa entidad cuantitativa y cualitativa no es suficiente para inferir la existencia de un matrimonio simulado.

Nos encontramos ante un control a priori, el trámite de audiencia de cada uno de los contrayentes, por separado y de modo reservado, con el fin de *cerciorarse de la inexistencia del impedimento de ligamen o de cualquier otro obstáculo legal para la celebración.*

C) La aplicación de la ley extranjera al consentimiento matrimonial.

Los matrimonios de conveniencia plantean varios problemas desde el punto de vista del Derecho internacional privado, en especial, en cuanto a la ley aplicable al consentimiento; por lo que nos encontramos ante un problema de conflicto de leyes.

En el sistema de Derecho internacional privado no tenemos una norma de conflicto que determine los requisitos para que el matrimonio, en los casos internacionales, sea válido y pueda acceder, en su caso, al Registro Civil español, por lo que la norma de conflicto debe determinar, separadamente, la ley aplicable: 1) a la capacidad matrimonial; 2) al consentimiento matrimonial, y 3) a la forma de celebración del matrimonio.

En cuanto a la ley aplicable al consentimiento, la doctrina ha intentado subsanar la laguna creada por el legislador para determinar la ley aplicable, y en la que se destacan dos tesis:

1) Tesis de la ley única: Esta teoría defiende que la formación del matrimonio se regula por una única *Lex matrimonii*, la ley del Estado al que pertenece la Autoridad ante quien se celebra el matrimonio (*Lex Auctoritatis*), sin tener en cuenta la nacionalidad o residencia de los cónyuges. En este sentido, siempre que un matrimonio se celebre ante una autoridad española, el consentimiento matrimonial debe regirse por la ley material española; además del propio contenido del matrimonio, como los derechos y deberes de los cónyuges recogidos en los artículos 66-68 del CC.

Por el contrario, la aplicación de la ley nacional del cónyuge puede desembocar en que consientan una cosa distinta cada uno. Esta es la posición de algunos países como Suiza, Holanda, algunos *States* de los Estados Unidos de América y Australia. Como crítica a esta tesis, puede dar lugar al *fórum shopping*, permitiendo a los contrayentes celebrar su matrimonio en el Estado que mejor les convenga, además de los matrimonios claudicantes, aquellos válidos en el Estado en el que celebró, pero inexistentes en el Estado del foro[97].

2) Tesis de la ley múltiple: esta teoría defiende que en la formación del matrimonio hay que distinguir entre 1) capacidad, 2) consentimiento, y 3) forma; y, en lo que al objeto de este trabajo se refiere nos interesa detenernos en los primeros requisitos:

i) Capacidad matrimonial: quedará sujeta a la ley nacional de cada contrayente al momento de la celebración del matrimonio por el artículo 9.1 del CC al ser una materia incluida en la categoría de estatuto personal. La norma de conflicto es coincidente con la recogida por el Convenio nº 20 de la Comisión Internacional del Estado Civil de Múnich de 1980 (artículo 1), y la Recomendación de Viena de 1976 relativa al derecho al matrimonio. Aun así, la aplicación de la ley extranjera se excluirá cuando esta vulnere el orden público internacional español.

ii) Consentimiento matrimonial: se somete a la ley nacional de los contrayentes (artículo 9.1 del CC) por los mismos argumentos que el apartado anterior, en cuanto afecta al estado civil de la persona[98]. Será la ley nacional de cada contrayente la que determine si ese consentimiento es aparente o real, los vicios, efectos del consentimiento viciado, el plazo para el ejercicio de las acciones, y las personas legitimadas. En contra del argumento presentado por los defensores de la tesis de la norma única, los efectos del matrimonio no serán diferentes dependiendo de la ley nacional de los cónyuges, puesto que según el artículo 9.2 del CC, se determinarán

---

97 *Vid.* L. ÁLVAREZ DE TOLEDO QUINTANA, "La cuestión previa de la 'existencia de matrimonio' en el proceso de divorcio con elemento extranjero", en *Cuadernos de Derecho Transnacional*, nº 2, octubre 2013, p. 173.

98 *Vid.* RDGRN [9ª] 3 de enero de 2014, y RDGRN [12ª] 4 julio 2011.

conforme a la ley del Estado ante cuya autoridad se celebre el matrimonio. En resumen, se somete a la *Lex Loci Celebrationis.* Además, esta tesis elimina la posibilidad del *fórum shopping,* ya que, aunque los contrayentes acudan a países con legislaciones permisivas en materia de consentimiento matrimonial, dicho consentimiento se regirá siempre por la misma Ley, su respectiva Ley nacional. Esta teoría ha sido asumida en Estados como Francia[99] y Bélgica[100], además de España[101].

Aquí cabe diferenciar dos supuestos:

A) **Supuestos en los que los contrayentes son extranjeros**. En principio, no sería aplicable la ley española, sino que se regirá por la ley nacional de cada cónyuge. Al momento de celebrarse el matrimonio, y la que deberá aplicar el Encargado del Registro Civil. No es posible aplicar la ley española cuando uno de los cónyuges la adquirió a posteriori, ya que debemos retrotraernos al momento de la celebración del matrimonio[102]. Si la ley de alguno de los cónyuges permitiese los matrimonios falsos o simulados, no podrá aplicarse esa ley al consentimiento al vulnerar el orden público internacional español (= artículo 12.3 del CC), y que el juez o autoridad que invoque esta institución debe entenderse como fundamento para decidir sobre la pretensión de las

99 *Vid.* Sentencia de 9 julio 2008 [matrimonio de complacencia entre marroquí y francés], Sentencia Cass. Francia 27 septiembre 2007, Sentencia Cass Francia 29 enero 2014 [matrimonio mediante engaño entre francesa y tunecino], artículo 202-1 CC francés.

100 *Vid.* artículo 46. I Código DIPr. 2004.

101 *Vid.* RDGRN [18ª] 30 septiembre 2011 [matrimonio a celebrar en España entre ciudadanos extranjeros], RDGRN [2ª] 30 junio 2011 [matrimonio civil entre varón nigeriano y mujer alemana], RDGRN [1ª] 26 noviembre 2001, RDGRN [1ª] 24 mayo 2002, RDGRN [2ª] 11 septiembre 2002, RDGRN [3ª] 11 septiembre 2002, RDGRN [4ª] 11 septiembre 2002.

102 *Vid.* RDGRN [9ª] 3 de enero de 2014.

partes[103]; por lo cual, si se da tal caso, deberemos aplicar la ley española. Tales Leyes extranjeras permiten, de facto, un matrimonio sin "consentimiento matrimonial"[104].

B) Supuestos en los que uno de los contrayentes es español. En estos supuestos, debemos atenernos a la ley española en el caso del contrayente español, y a la ley extranjera del contrayente extranjero. Según la Instrucción de la DGRN de 31 de enero, debe llevarse a cabo una operación de "economía conflictual", valorando en primer lugar la validez del consentimiento del contrayente español. Si se determina que dicho consentimiento no es válido, no se entrará a examinar la validez del consentimiento del contrayente extranjero.

Es ilustrativa la sentencia de la *Cour de Cassation* francesa (civ. 1re) de 19 enero 2014 sobre un matrimonio mediante engaño entre francesa y tunecino en el que el contrayente tunecino tenía como objetivo obtener un permiso de residencia, y una vez obtenido, abandona a la esposa francesa. La esposa deseaba solicitar la declaración de nulidad del matrimonio, pues el varón tunecino había contraído nupcias con ella con la sola intención de adquirir

---

103 *Vid.* J. González Campos y J. C. Fernández Rozas "Artículo 12, apartado 3 del Código Civil", en M. Albaladejo y S. Díaz Alabart (eds.), *Comentarios al Código civil y Compilaciones forales.*), t. I, vol. 2, Jaén, Edersa, 1995. p. 906.

104 *Vid.* RDGRN [14ª] 12 mayo 2014 [matrimonio celebrado en la República Dominicana], RDGRN [2ª] 30 junio 2011 [matrimonio civil entre varón nigeriano y mujer alemana], RDGRN [20ª] 23 septiembre 2011 [matrimonio celebrado en Perú], RDGRN [1ª] 2 septiembre 2005, RDGRN [5ª] 10 octubre 2005, RDGRN 13 junio 2005, RDGRN [1ª] 7 julio 2005, RDGRN 18 noviembre 2005, RDGRN [4ª] 6 septiembre 2005, RDGRN [4ª] 30 noviembre 2005, RDGRN 28 enero 2006, RDGRN 27 junio 2006, RDGRN [5ª] 27 junio 2006 [matrimonio en la República Dominicana entre dominicanos], (RDGRN [2ª] 21 julio 2006 [matrimonio en España entre hindú y alemana], RDGRN [2ª] 19 septiembre 2006 [matrimonio en España de dos marroquíes], RDGRN [3ª] 20 septiembre 2006 [matrimonio en España de dos marroquíes], RDGRN [3ª] 26 febrero 2007 [matrimonio entre alemán y senegalés].

el permiso de residencia en Francia y demás ventajas para obtener, posteriormente, la nacionalidad francesa. La esposa solicitó, pues, la nulidad del matrimonio y se basó en la "falta de consentimiento matrimonial auténtico del esposo".

En primera instancia, la *Cour d'appel* aplicó la ley francesa al consentimiento del contrayente tunecino con el argumento de que ventilaban "derechos indisponibles", dudosa afirmación al entender que el negocio jurídico del matrimonio se enmarca en el Derecho privado. Posteriormente, la *Cour de Cassation* corrige a la *Cour d'appel* y señaló que debió aplicarse la ley nacional de cada contrayente, distributivamente, al consentimiento matrimonial, y según la ley francesa, la contrayente se encontraba en una situación de error sobre su consentimiento.[105]

d) La prueba de la simulación en la inscripción del matrimonio en el Registro Civil español cuando el matrimonio ha sido celebrado en el extranjero.

En los supuestos en los que un matrimonio entre un español y extranjero, o entre extranjeros se halla celebrado fuera de España, el Encargado del Registro Civil debe controlar la legalidad y autenticidad del consentimiento matrimonial con arreglo a la ley española cuando uno de los contrayentes sea español o, cuando siendo extranjeros ambos, deba igualmente ser aplicada en ejecución de la cláusula de orden público por admitir la Ley extranjera los matrimonios simulados. En cuanto a esta consideración de "orden público", no cabe diferenciarla de la cláusula general del artículo 12.3 del CC aun encontrándose en distintas normas procesales (= artículos 14 y 46 de la Ley 29/2015, de 30 de julio, de cooperación jurídica internacional en materia civil, o DA 6ª de la LEC), puesto que, al fin y al cabo, poseen el mismo objetivo: evitar la aplicación de la ley extranjera en territorio español cuando

---

105 *Vid.* G.P. ROMANO, "La bilateralité éclipsée par l'autorité. Développements récents en matière d'état des personne", *RCDIP*, 2006, pp. 457-520.

aquella contradiga las normas del foro[106]. Así, con la finalidad de facilitar la consecución de este doble objetivo por parte de los Encargados de los Registros, la DGRN, en la Instrucción comentada de 2006, ha dado las siguientes orientaciones prácticas:

Primera. Los datos básicos de los que cabe inferir la simulación del consentimiento matrimonial son dos: a) el desconocimiento por parte de uno o ambos contrayentes de los datos personales y/o familiares básicos del otro; y, b) la inexistencia de relaciones previas entre los contrayentes. En cuanto a la valoración de ambos elementos se han de tomar en cuenta los siguientes criterios prácticos: a) debe considerarse y presumirse que existe auténtico consentimiento matrimonial cuando un contrayente conoce los datos personales y familiares básicos del otro contrayente. Si los contrayentes demuestran conocer suficientemente los datos básicos personales y familiares mutuos, debe presumirse, conforme al principio general de presunción de la buena fe, que el matrimonio no es simulado y debe autorizarse o inscribirse, según los casos.

Para acreditar la existencia de un conocimiento suficiente de los datos personales básicos mutuos de los contrayentes, deben tenerse presentes estas reglas: 1ª) El Encargado dispone de un necesario margen de apreciación para ajustar las normas jurídicas a los caracteres, circunstancias y rasgos del caso concreto, ponderando necesariamente la equidad en la aplicación de las normas jurídicas; 2ª) No puede fijarse una "lista cerrada" de datos personales y familiares básicos cuyo conocimiento es exigido, pues ello puede depender de las circunstancias del caso concreto. Sí puede, sin embargo, proporcionarse una "lista de aproximación" con los datos básicos personales y familiares mutuos más frecuentes que los contrayentes deberían conocer el uno del otro; 3ª) El conocimiento de los datos básicos personales de un contrayente por el otro contrayente debe ser un conocimiento del núcleo conceptual

---

106 *Vid.* J. González Campos y J. C. Fernández Rozas "Artículo 12, apartado 3 del Código Civil", citado, p. 908.

de dichos datos, sin que sea preciso descender a los detalles más concretos posibles; 4ª) En su caso, el desconocimiento de los datos personales y familiares básicos de un contrayente respecto del otro debe ser claro, evidente y flagrante; y, 5ª) La existencia de otros datos personales del contrayente que son meramente accesorios o secundarios.

Para acreditar la existencia de auténticas y verdaderas relaciones entre los contrayentes, deben tenerse presentes estas reglas: 1ª) Las relaciones entre los contrayentes pueden referirse a relaciones habidas antes o después de la celebración del matrimonio; 2ª) Las relaciones entre los contrayentes pueden ser relaciones personales, o bien relaciones epistolares o telefónicas o por otro medio de comunicación, como Internet; 3ª) El hecho probado de que los contrayentes conviven juntos en el momento presente o tienen un hijo común es un dato suficiente que acredita la existencia de relaciones personales; 4ª) El hecho de que los contrayentes no hablen una lengua que ambos comprenden es un mero indicio de que las relaciones personales son especialmente difíciles, pero no imposibles. Por tanto, de ese mero dato no cabe inferir, por sí solo, que las relaciones personales no existen o no han existido. Será un dato más que el Encargado del Registro Civil español tendrá presente para valorar, junto con otros datos y hechos, la presencia o ausencia de relaciones personales» entre ambos contrayentes; 5ª) El hecho de que el historial de uno de los cónyuges revele matrimonios simulados anteriores es un poderoso indicio de que no existen auténticas relaciones personales entre los contrayentes, sino relaciones meramente figuradas. 6ª) El hecho de que se haya entregado una cantidad monetaria para que se celebre el matrimonio, siempre que dicho dato quede indubitadamente probado, es, también, un poderoso indicio de que no existen relaciones personales entre los contrayentes, ni verdadera voluntad matrimonial.

Además, de forma complementaria a lo anterior, señala la DGRN, se ha de señalar que los datos o hechos relativos al matrimonio que no afectan al conocimiento personal mutuo de los contrayentes, ni a la existencia de relaciones previas entre los contrayentes, no son relevantes para inferir de los mismos, aisladamente, la existencia de un matrimonio simulado, sin perjuicio de que en concurrencia con las circunstancias antes enumeradas pueda coadyuvar a formar la convicción del Encargado en sentido positivo o negativo respecto de la existencia de verdadera voluntad matrimonial.[107]

Segunda. De forma adicional, la DGRN, en la mencionada Instrucción de 31 de enero de 2006, ha señalado que: a) el Encargado del Registro Civil debe alcanzar una "certeza moral plena" de hallarse en presencia de un matrimonio simulado para acordar la denegación de la autorización del matrimonio o de su inscripción; b) el Encargado del Registro Civil que aplica las presunciones judiciales debe incluir en su resolución, de modo expreso, el razonamiento en virtud del cual dicha Autoridad ha establecido la presunción, evitando la utilización de modelos formularios que, por su generalidad y falta de referencia a las concretas circunstancias particulares del caso concreto, no alcanzan a llenar el requisito

---

[107] Así, se pueden enumerarse los más frecuentes de entre ellos: a) el hecho de que el contrayente extranjero resida en España sin la documentación exigida por la legislación de extranjería; b) el hecho de que los contrayentes no convivan juntos o nunca hayan convivido juntos cuando existan circunstancias que lo impidan, como la imposibilidad de viajar por razones legales o económicas; c) el hecho de que un contrayente no aporte bienes o recursos económicos al matrimonio, mientras que será el otro contrayente el que aporte el cien por cien de tales recursos, pues en sí mismo, este dato nada dice de una posible intención simulatoria de los contrayentes o de la autenticidad del consentimiento matrimonial; d) el hecho de que los contrayentes se hayan conocido pocos meses o semanas antes del enlace tampoco dice nada, en sí mismo, sobre la intención simulatoria de los contrayentes; e) el hecho de que exista una diferencia significativa de edad entre los contrayentes tampoco dice nada por sí sólo acerca de la autenticidad y realidad del consentimiento matrimonial, por lo que es un dato que no puede utilizarse, de ningún modo, para inferir nada al respecto, salvo que concurra con otras circunstancias, ya enumeradas, de desconocimiento o falta de relación personal.

imprescindible de la motivación de la resolución; y, finalmente, c) frente a la formulación de una presunción judicial, cualquiera de los contrayentes u otra persona legitimada puede practicar una prueba en contrario, la cual puede estar dirigida a demostrar la inexistencia del indicio tomado en cuenta por la Autoridad española y/o demostrar la inexistencia del nexo de inferencia entre tal indicio y la situación de matrimonio simulado.

Tercera. Finalmente, nos recuerda la propia DGRN que, si se rechaza la autorización o la inscripción del matrimonio al existir sospechas de simulación en el matrimonio, siempre es posible instar posteriormente la inscripción del matrimonio si surgen nuevos datos relevantes, pues en el ámbito del Registro Civil no rige el principio de "cosa juzgada".

8. EL CONTROL REGISTRAL DE LA LEGALIDAD DEL MATRIMONIO

En virtud del ordenamiento jurídico español, son matrimonios inscribibles en el Registro Civil español, a saber[108].

a) Todos aquellos matrimonios celebrados en forma civil cuya celebración fue autorizada por el propio Encargado del Registro Civil español, en el que los contrayentes son nacionales o extranjeros[109].

b) Todos aquellos matrimonios celebrados en España, sin expediente registral previo, sea en forma religiosa católica o islámica, o en forma consular por dos extranjeros, en aplicación de su ley personal, deben inscribirse en el Registro Ci-

---

108 *Vid.*, en sentido amplio, S. SALVADOR RODRÍGUEZ, "Registro Civil, inmigración y matrimonio", *Registro Civil: incidencia del fenómeno de la inmigración,* Cuadernos de Derecho Judicial, Consejo General del Poder Judicial, 2004, pp. 263-265.

109 Dicho control pasa, en virtud de los artículos 49. 1º y 56 de nuestro CC, por la realización de un expediente registral previo.

vil correspondiente al ligar de su celebración para el pleno reconocimiento de sus efectos civiles[110].

c) Todos aquellos matrimonios celebrados fuera de España conforme a la ley del lugar de celebración del mismo, cuando uno de los contrayentes sea nacional español, se exige la previa calificación del Encargado del Registro Civil competente, Registro Consular o registro Central[111].

Y, son dos los supuestos de control registral de la legalidad de matrimonios inscribibles por parte del Encargado del Registro Civil competente, a saber[112]:

a) Control registral previo a la celebración del matrimonio. Cuando un nacional español o extranjero pretenda contraer matrimonio, en España o en el extranjero, es necesario tramitar un expediente registral previo a la autorización del matrimonio, con el fin de controlar la concurrencia de los requisitos legalmente establecidos para la validez del matrimonio que se quiere celebrar: capacidad matrimonial, consentimiento y forma.

b) Control registral posterior a la celebración del matrimonio. Una vez celebrado el matrimonio, sean contrayentes españoles o extranjeros, para alcanzar la plena validez, se hace necesaria su inscripción en el Registro Civil; en ese momento, es donde la autoridad competente, al igual que el supuesto del expediente registral previo, deberá examinar la concurrencia de los requisitos legales exigidos para la validez del matrimonio.

---

110 Así lo establecen los artículos 60, 61, 63 y 65 del CC; y, 15 y 16 de la LRC.

111 Así lo establecen los artículos 65 de nuestro CC; y, 256.3º del RRC.

112 En sentido amplio, S. Salvador Rodríguez, "Registro Civil, inmigración y matrimonio", *Registro Civil: incidencia del fenómeno de la inmigración,* Cuadernos de Derecho Judicial, Consejo General del Poder Judicial, Madrid, 2004, pp. 263-265.

La negativa a la inscripción en el Registro Civil de un matrimonio, abriría la reclamación en sede judicial, con el fin de que "el órgano judicial competente se pronuncie sobre la validez y eficacia del matrimonio celebrado, y, en su caso, acuerde la inscripción del mismo en el Registro Civil español"[113].

9. EL CONTROL JUDICIAL DE LA VALIDEZ DEL MATRIMONIO

Por su parte, respecto del control judicial de la validez del matrimonio, debemos distinguir tres supuestos también[114]:

a) Ante la denegación del Encargado del Registro Civil competente para la autorización del matrimonio, sólo queda acudir a la vía judicial ordinaria para la tutela judicial del derecho fundamental a contraer matrimonio libremente.

b) Si el matrimonio ya se ha celebrado e inscrito en un Registro Civil español, éste sólo podrá ser cancelado a través de la correspondiente acción judicial de nulidad.

c) Respecto de los matrimonios celebrados que deben ser inscritos en el Registro Civil español y dicha inscripción es denegada en vía registral, procede la vía judicial ordinaria, con el fin de declarar la validez de un matrimonio ya celebrado e inscribirlo en el Registro Civil.

A todo esto, el Tribunal Supremo en su STS 261/2017 hace unas precisiones importantes respecto al control por parte de los tribunales de la validez de los matrimonios, a pesar de ser una sentencia del orden penal.

---

113 *Vid.* S. SALVADOR RODRÍGUEZ, "Registro Civil, inmigración y matrimonio", *Registro Civil: incidencia del fenómeno de la inmigración*, Cuadernos de Derecho Judicial, Consejo General del Poder Judicial, Madrid, 2004, p. 333.

114 *Vid.*, en sentido amplio, S. SALVADOR RODRÍGUEZ, "Registro Civil, inmigración y matrimonio", citado, pp. 265-268.

El supuesto objeto de la sentencia versa sobre una unos ciudadanos de la República Dominicana que contrajeron matrimonio religioso con el fin de regularizar la situación del hombre (puesto que la ciudadana dominicana poseía DNI español) y disfrutar de los derechos derivados de ello. La sentencia impugnada de la Audiencia de Barcelona, derivada de la jurisdicción penal, dio por simulado, y como consecuencia inexistente, el matrimonio realizado por los cónyuges en 2009, inscrito en el Registro Civil.

La Audiencia realiza unas afirmaciones tendentes a considerar nulo el negocio jurídico llevado a cabo por la pareja, todo ello sin que hubiese una sentencia en el orden civil que legitimara el argumento de la Audiencia. El Tribunal Supremo admitió un recurso de casación por infracción de precepto constitucional, el derecho a la presunción de inocencia.

En este sentido, el Tribunal Supremo dictaminó que al orden penal no le compete juzgar la validez del matrimonio, sino que le corresponde al orden civil. En el supuesto presentado, un tribunal penal califica de simulado e inexistente un negocio jurídico civil (un contrato religioso), fundamentándose en las valoraciones realizadas por los hechos acaecidos, no por ninguna resolución judicial.

El propio TS estipula los requisitos para declarar nulo un matrimonio:

a) Un matrimonio, o una apariencia de tal, celebrado en cualquiera de las formas legalmente previstas,

b) Una causa coetánea a la celebración, que consiste fundamentalmente en la ausencia o el defecto de alguno de los requisitos personales, materiales o formales que la ley exige como presupuesto de validez del negocio jurídico matrimonial, y

c) Una sentencia judicial que declare la nulidad. Únicamente por sentencia puede ser anulado un matrimonio.

Mientras no haya una declaración judicial que así lo declare, el matrimonio como tal es válido y produce los efectos que le son propios. Además, la declaración de nulidad de un matrimonio debe tomarse como una situación excepcional debido a las consecuencias derivadas de ello.

Así pues, en cuanto a la regulación legal se refiere resulta causa de nulidad[115]:

- El matrimonio celebrado sin consentimiento matrimonial.
- El matrimonio celebrado entre las personas a que se refieren los artículos 46 y 47, salvo los casos de dispensa conforme al artículo 48.
- El que se contraiga sin la intervención del Juez, Alcalde o funcionario ante quien deba celebrarse, o sin la de testigos.
- El celebrado por error en la identidad de la persona del otro contrayente en aquellas cualidades personales que, por su entidad, hubieran sido determinantes de la prestación del consentimiento.
- El contraído por coacción o miedo grave.

Es por lo tanto que nosotros vamos a hacer alusión al primer punto del artículo 70 y haremos referencia por lo tanto a la causa de nulidad por la celebración sin consentimiento matrimonial o por que este se haya otorgado de manera viciada.

Así pues, la falta de consentimiento se constituye, cuando este es prestado por una persona que no está capacitada para ello, o cuando el consentimiento se otorga de forma simulada, al no responder al verdadero objetivo del consentimiento matrimonial. En este sentido se pronunció la Sentencia de la AP de Valencia de 13 de febrero de 2008 al declarar nulo un matrimonio por simulación de su consentimiento y establecer que "existe simulación cuando los cónyuges, mediante pacto, excluyen los efectos

---

115 A tenor de los que se dispone conforme al artículo 73 y siguientes del CC.

esenciales del matrimonio, o los modifican tan sustancialmente que el matrimonio se queda en un puro nombre." En este mismo sentido también se pronunciaría la Audiencia Provincial de Palma en su sentencia de 17 de diciembre de 2010.

En cuanto a la legitimidad para declarar la nulidad matrimonial será competente el Juez encargado del caso, que mediante sentencia deberá así constar pues no es posible un matrimonio nulo sin sentencia que así lo declare[116], por lo tanto, en cuanto a las partes legitimadas para la solicitud de nulidad aparecen varias figuras que son:

- Los cónyuges.
- El Ministerio Fiscal.
- Cualquier persona que tenga un interés legítimo en el asunto.

Respecto de la legitimidad de estas tres figuras se pronunciaría también mediante sentencia la Audiencia Provincial de Pontevedra diciendo que "la ausencia de consentimiento, sea por simulación o por cualquier otra causa diferente al error, coacción o al miedo grave, permanece como acción pública, que podrá ser ejercitada por cualquier interesado o por el defensor público de la legalidad, función institucionalmente conferida al Ministerio Fiscal".[117] Es pues por lo tanto que debemos destacar la figura del Ministerio Fiscal y debemos entenderla como una parte legitimada que hace tambalear a los matrimonios de conveniencia pues en la mayoría de casos esta figura se persona como parte en juicio.

---

116 *Vid.*, en sentido amplio, E. Hijas Fernández (Coord.), 2009, *Los procesos de familia: una visión judicial*, Madrid: Colex, pp. 45-50.

117 *Vid.*, en sentido amplio, Sentencia de la Audiencia Provincial de Pontevedra de 6 de junio de 2016. Asimismo, en este mismo sentido se pronuncia la Sala de lo Penal del Tribunal Supremo mediante la STS de 6 de abril de 2017, al afirmar que "aunque el matrimonio adolezca de alguna o algunas causas que afectan a su validez, mientras no haya una declaración judicial que así lo declare, el matrimonio como tal es válido".

Y es que, la nulidad del matrimonio en cuanto a los matrimonios de conveniencia nos referimos puede tener una acción directa y muy potente sobre estos, ya que las consecuencias de la nulidad son las de tener por no celebrado el matrimonio, con la reposición al estado anterior de todo lo derivado del matrimonio, excepto del cónyuge que lo hubiera contraído de buena fe y respecto a los hijos. Cabe, por último, destacar el plazo de prescripción de la acción, y es que, tras la entrada en vigor de la Ley 42/2015, el plazo de prescripción pasa a ser de 5 años, a diferencia de los 15 años que se establecía anteriormente.

Jurisprudencia relevante

Sentencia de la Audiencia Provincial de Barcelona de fecha de 11 de enero de 2023, núm. 37/2023, Nº Rec. 621/2021.

Sentencia de la Audiencia Provincial de Burgos, de fecha de 23 de enero de 2023, núm. 18/2023, Nº Rec. 30/2022

Sentencia de la Audiencia Provincial de Burgos, de fecha de 22 de abril de 2022, núm. 129/2022, Nº Rec. 108/2022

Sentencia de la Audiencia Provincial de Madrid, de fecha de 2 de octubre de 2020, núm. 727/2020, Nº Rec. 165/2019

Sentencia de la Audiencia Provincial de Cádiz de fecha de 23 de noviembre de 2020, núm. 1171/2020, Nº Rec. 253/2020

Sentencia de la Audiencia Provincial de Barcelona de fecha de 27 de noviembre de 2020, núm. 696/2020, Nº Rec. 125/2020

Sentencia de la Audiencia Provincial de Barcelona de fecha de 16 de julio de 2020, núm. 467/2020, Nº Rec. 1078/2019

Sentencia de la Audiencia Provincial de Barcelona de fecha de 29 de enero de 2020, núm. 42/2020, Nº Rec. 772/2019

Sentencia de la Audiencia Provincial de Murcia de fecha de 21 de marzo de 2019, núm. 238/2019, Nº Rec. 1385/2018

10. LOS EFECTOS DEL MATRIMONIO Y LA LEY DE EXTRANJERÍA

La celebración, y posterior inscripción en el registro Civil español de un matrimonio en el que al menos uno de los contrayentes es extranjero tiene sus consecuencias desde la perspectiva del derecho de Extranjería, y que podríamos resumir en las siguientes[118]:

a) El matrimonio por sí solo no regulariza de forma automática la situación del cónyuge extranjero que se encuentra en España en situación irregular o, en el extranjero esperando la regularización de su situación para poder entrar en España.

b) El matrimonio no es una circunstancia por sí sola determinante para el otorgamiento de un visado o para la concesión de una autorización de residencia y de trabajo.

c) El matrimonio permite la obtención de una autorización de residencia en España, ya que el extranjero que ostenta la nacionalidad de un tercer Estado no miembro de la UE ni del EEE y que sea cónyuge o pareja de hecho de un ciudadano español, goza del derecho a residir en España, en virtud del artículo 2 del RD 240/2007.

d) El matrimonio permite lograr la reagrupación familiar de nacionales de terceros Estados. En efecto, el cónyuge extranjero del ciudadano extranjero puede ser "reagrupado", pues el artículo 39.1 del Real Decreto 557/2011, señala que "el extranjero podrá reagrupar con él en España a los siguientes familiares: a) Su cónyuge, siempre que no se encuentre separado de hecho o de derecho y que el matrimonio no se haya celebrado en fraude de ley"[119]. Como

---

118 *Vid.* S. SALVADOR RODRÍGUEZ, "Registro Civil, inmigración y matrimonio", en *Registro Civil: incidencia del fenómeno de la inmigración*, citado, pp. 343-355.

119 *Vid.* en sentido amplio, A. ORTEGA GIMÉNEZ, "Notas sobre el Reglamento de Extranjería: Nuevo Reglamento de Extranjería. Estructura,

ejemplo, destacamos las SSTS 24 de junio de 2015[120], y 23 de julio de 2014[121], en las que se deniega la obtención de un visado de reagrupación a uno de los cónyuges al observar que los documentos presentados denostaban mala fe al contraer matrimonio.

e) A partir de la última reforma de la Ley de Extranjería[122], el "contraer matrimonio, simular relación afectiva análoga o constituirse en representante legal de un menor, cuando dichas conductas se realicen con ánimo de lucro o con el propósito de obtener indebidamente un derecho de residencia, siempre que tales hechos no constituyan delito"[123] es considerada infracción grave sancionada por la Ley de Extranjería con multa de 501 a 10.000 euros.

11. ALGUNAS REFLEXIONES DE CARA A FORMULAR PROPUESTAS PARA COMBATIR LOS MATRIMONIOS DE CONVENIENCIA

Es cierto que "puede suceder que dos personas contraigan matrimonio sin tener intención de convivir y asumir las obligaciones y derechos que se derivan del estado de casado. En estos supuestos el matrimonio es puramente formal con el objetivo de conseguir alguna de las ventajas que el ordenamiento reserva para los cónyuges. Así, por ejemplo, el titular de una pensión de la Seguridad Social puede contraer matrimonio con un amigo o pariente con

elementos y proceso de normalización" *IURIS. Actualidad y Práctica del Derecho, Número 92,* Madrid, La Ley, marzo 2005, pp. 23-32.

120 Sala 3ª. Sección 7ª. Rec. 1848/2014.

121 Sala 3ª. Sección 3ª. Rec. 2995/2013.

122 Ley Orgánica 2/2009, de 11 de diciembre, de reforma de la Ley Orgánica 4/2000, de 11 de enero, sobre derechos y libertades de los extranjeros en España y su integración social (*BOE* núm. 299, de 12 de diciembre de 2009).

123 Artículo 53.2.c) de la Ley de Extranjería.

el fin de que tras su muerte el cónyuge reciba la pensión de viudedad correspondiente. Podemos pensar, igualmente, en un matrimonio estrictamente formal que persiga que el cónyuge supérstite pueda continuar en el arrendamiento de la vivienda del que se beneficiaba el fallecido. Se trata de supuestos en los que falta el consentimiento matrimonial porque ambos cónyuges no pretenden asumir el contenido de la institución, sino únicamente beneficiarse de su apariencia. Estos supuestos de matrimonio únicamente formal menudean en aquellos casos en los que uno de los cónyuges puede obtener mediante el matrimonio determinados beneficios en materia de Derecho de extranjería o de Derecho de la nacionalidad. El supuesto típico desde la perspectiva española de este tipo de matrimonios es aquél en el que un español contrae matrimonio con un extranjero con el fin de que dicho extranjero pueda obtener un permiso para residir en España o para conseguir la nacionalidad española, sin que ninguno de los cónyuges pretenda llevar a cabo un proyecto de vida en común"[124]

La preocupación ante la extensión del fenómeno de los "matrimonios de conveniencia" –cuyo propósito, en claro fraude de ley, no es sino el de beneficiarse de las consecuencias legales de la institución matrimonial en el campo de la nacionalidad y de la extranjería–, en el plano internacional, ha llevado a la Comisión Internacional del Estado Civil la constitución de un Grupo de Trabajo específico para intercambiar las experiencias y medidas adoptadas para combatir tal fenómeno en los distintos países miembros, que pretende complementar en el ámbito de los matrimonios de complacencia la Recomendación (n.° 9), adoptada en Estrasburgo el 17 de marzo de 2005, relativa a la lucha contra el fraude documental en materia de estado civil.

---

124 *Vid.* ARENAS GARCÍA, R., "Algunos problemas relativos al reconocimiento matrimonial en los supuestos internacionales (Matrimonios blancos y matrimonios convenidos en DIPr.)", disponible en http://adipr.files.wordpress.com/2007/07/matrimonios-convenidos1def2.pdf, 2007.

En la misma línea se ha de citar la reciente iniciativa adoptada en Francia a través de la Circular relativa a la lucha contra los matrimonios simulados, adoptada en París el 2 de mayo de 2005 por el Ministerio de Justicia de la República francesa, en desarrollo de la modificación introducida en el "Code civil" por la Ley número 2003-1119, de 26 de noviembre de 2003, relativa a la ordenación de la inmigración, la residencia de los extranjeros y la nacionalidad, que reforma el artículo 47 del Código Civil e introduce el trámite de audiencia previa para evitar matrimonios de complacencia.

Además, de las medidas adoptadas en Bélgica con la aprobación del nuevo Código de Derecho Internacional Privado, en Holanda con el establecimiento de un nuevo procedimiento de verificación y control de los documentos de estado civil extranjeros, en Suiza con la atribución de mayores poderes a los Encargados de los Registros Civiles para poder denegar las inscripciones de documentos que consideren fraudulentos; o, simplemente, en Portugal con la exigencia de al menos tres años de matrimonio con cónyuge portugués/a al momento de la solicitud de la nacionalidad.

El nuevo panorama en el que nos encontramos exige acometer algunas reformas, que permitan afrontar la nueva realidad de una forma global. Varios caminos se vislumbran, a nuestro modo de ver: a) por un lado, acometer la reforma del "generoso" art. 22 de nuestro CC, de forma que se amplíen los plazos de adquisición de la nacionalidad española por matrimonio (p. ej., "al estilo portugués" = 3 años de residencia legal y continuada a contar desde el matrimonio), hasta que el ciudadano extranjero pruebe que está totalmente integrado en España;[125] y/o, b) por otro lado, acometer

---

125 En sentido contrario pensó el legislador español, cuando acometió la reforma del artículo 22 del CC, a través de la Ley 36/2002, de 8 de octubre, de modificación del Código Civil, al pensar que la integración se produce más rápidamente si hay matrimonio, incluso aunque el cónyuge haya fallecido.

la reforma de la legislación de extranjería –en particular del RD 240/2007–, de forma que para la concesión de una autorización de residencia y de trabajo no baste sólo con acreditar el matrimonio con un ciudadano nacional de un estado miembro de la UE, ampliándose los plazos para el ejercicio del derecho a la reagrupación familiar.

Parte III

Crisis matrimoniales internacionales en España

1. PLANTEAMIENTO: CUESTIONES DE DERECHO INTERNACIONAL PRIVADO DE LA UNIÓN EUROPEA[126]

La reglamentación de las "crisis matrimoniales internacionales" en Derecho internacional privado es "complicada" porque existen diferencias muy pronunciadas entre los distintos Derechos estatales a la hora de regularlas. Las respuestas de un sistema jurídico a las crisis matrimoniales reflejan las concepciones morales, jurídicas y éticas acerca del individuo y la familia, en un momento dado. Así, p. ej., en ciertos países, hasta hacia bien poco, el divorcio no se admitía (Malta); en algunos no existe la separación judicial pero sí el divorcio (Alemania, Suecia, Finlandia, Marruecos); en otros el divorcio es unilateral y sólo lo puede solicitar el esposo (ciertos países musulmanes, que admiten el repudio); en otros países el divorcio procede sólo por declaración judicial (España, Francia) mientras que en otros países cabe un divorcio ante autoridad administrativa, –alcaldes–, (Japón), autoridad religiosa, –rabinos–, (Israel), o fedatario público –notarios– (Cuba), o cabe un divorcio por mero acuerdo privado entre los cónyuges sin intervención de autoridad ninguna (Tailandia).

Así, el objetivo de este trabajo es reflexionar, desde una perspectiva práctica, y desde la óptica del Derecho internacional privado español, acerca de las "crisis matrimoniales internacionales", con

---

126 *Vid.*, en sentido amplio, ORTEGA GIMÉNEZ, Alfonso, "Los reglamentos europeos en derecho de familia: crisis matrimoniales internacionales", en DE VERDA Y BEAMONTE, José Ramón, *GPS Familia,* Editorial Tirant lo Blanch, Valencia (España), 2023, pp. 1021-1033.

el fin de facilitar la comprensión, en estos casos, de la cada vez más compleja trama normativa del Derecho internacional privado español.

Hablar de las "crisis matrimoniales internacionales" es hablar, p. ej., de la "historia de amor" de JOSÉ LUIS y SARAH: El 14 de febrero de 2020, JOSÉ LUIS, español, domiciliado en Alicante (España), contrae matrimonio en Rabat (Marruecos), según el rito musulmán, con SARAH, de nacionalidad marroquí. El matrimonio se establece en Túnez. Tiempo más tarde, y tras una serie de desavenencias, JOSÉ LUIS vuelve a Alicante (España), donde fija su residencia habitual. Si JOSÉ LUIS quisiera entablar una demanda de divorcio ante un Juzgado de los de Alicante (España), antes de llevarla a efecto, debería resolver dos interrogantes: ¿El Juzgado de Alicante tendría competencia para conocer de la demanda de divorcio? y ¿Cuál sería la ley aplicable al divorcio instado por JOSÉ LUIS?

Evidentemente, el carácter permanente de la inmigración en España plantea, cada vez con más frecuencia, desafíos jurídicos no solo en el ámbito del Derecho de la Nacionalidad y de la Extranjería, sino, cada vez con más frecuencia, en el del Derecho internacional privado: divorcios de extranjeros, guarda y custodia de menores, reclamaciones internacionales de alimentos, secuestro internacional de menores, etc. son situaciones a las que se enfrentan cotidianamente los abogados y asesores jurídicos que trabajan con extranjeros.

Normativa de referencia

Reglamento (UE) 2019/1111, de 25 de junio de 2019, sobre competencia, reconocimiento y ejecución de resoluciones en materia matrimonial y de responsabilidad parental, así como sobre sustracción internacional de menores (= Reglamento 2019/1111 o Reglamento "Bruselas II ter").

Reglamento (UE) Nº 1259/2010 del Consejo, de 20 de diciembre de 2010, por el que se establece una cooperación reforzada en el ámbito de la ley aplicable al divorcio y a la separación judicial (= Reglamento 1259/2010 o Reglamento "Roma III").

Jurisprudencia relevante

Sentencia del Tribunal de Justicia de la Unión Europea de fecha 13 de octubre de 2016, asunto C-294/15, (Marginal: 70352660)

Sentencia del Tribunal de Justicia de la Unión Europea de fecha 1 de agosto del 2016, asunto C-281/15, (Marginal: 69945498)

Sentencia del Tribunal de Justicia de la Unión Europea de fecha 16 de julio de 2009, asunto C-168/08, (Marginal: 70362418)

Sentencia del Tribunal de Justicia de la Unión Europea de fecha 29 de noviembre de 2007, asunto C-68/07, (Marginal: 70362350)

Sentencia de la Audiencia Provincial de Barcelona de fecha 20 de junio de 2006, núm. 457/2006, Nº Rec. 840/2005, (Marginal: 2454628)

Sentencia de la Audiencia Provincial de Asturias de fecha 29 de septiembre de 2006, núm. 321/2006, Nº Rec.253/2006, (Marginal: 2454627)

Sentencia de la Audiencia Provincial de Toledo de fecha 1 de septiembre de 2006, núm. 279/2006, Nº Rec.142/2006, (Marginal: 70423987)

Sentencia de la Audiencia Provincial de Murcia de fecha 8 de noviembre de 1999, núm. 444/1999, Nº Rec. 72/1997, (Marginal: 70423988)

2. COMPETENCIA JUDICIAL INTERNACIONAL Y CRISIS MATRIMONIALES INTERNACIONALES

La regulación de la competencia judicial internacional en materia de divorcio, nulidad matrimonial y separación judicial se contiene en dos instrumentos: a) el Reglamento (UE) 2019/1111, de 25 de junio de 2019, sobre competencia, reconocimiento y ejecución de resoluciones en materia matrimonial y de responsabilidad parental, así como sobre sustracción internacional de menores; y b) el artículo 22 quáter c) de la LOPJ 2015.

El Reglamento 2019/1111 establece normas uniformes de competencia en relación con el divorcio, la separación legal y la nulidad matrimonial dentro del ámbito de la Unión Europea. Su objetivo principal radica en brindar claridad y coherencia en lo que respecta a la competencia judicial, así como en facilitar el reconocimiento y la ejecución de resoluciones judiciales en estos ámbitos sensibles y complejos. Este marco normativo busca garantizar una aplicación uniforme y efectiva de las disposiciones legales en casos transfronterizos, fortaleciendo así la seguridad jurídica y protegiendo los derechos de las partes involucradas en situaciones matrimoniales con elementos internacionales.

Cuestiones relevantes

REGLAMENTO (UE) 2019/1111 DEL CONSEJO DE 25 DE JUNIO DE 2019 REGULA LOS ASUNTOS RELATIVOS A LA COMPETENCIA, EL RECONOCIMIENTO Y LA EJECUCIÓN DE RESOLUCIONES EN MATERIA MATRIMONIAL Y DE RESPONSABILIDAD PARENTAL, Y SOBRE LA SUSTRACCIÓN INTERNACIONAL DE MENORES.

El pasado 2 de julio de 2019 fue publicado en el Diario Oficial de la Unión Europea el nuevo Reglamento (UE) 2019/1111, de 25 de junio de 2019, sobre competencia, reconocimiento y ejecución de resoluciones en materia matrimonial y de responsabilidad parental, así como sobre sustracción internacional de menores.

El Reglamento (UE) 2019/1111, de 25 de junio de 2019, entrará en vigor el 22 de julio de 2019, a los veinte días de su publicación en el Diario Oficial de la Unión Europea, y se aplicará a partir del 1 de agosto de 2022, a excepción de los artículos 92, 93 y 103 —modificación de los anexos, ejercicio de la delegación e información que debe comunicarse a la Comisión–, que serán de aplicación a partir del 22 de julio de 2019.

El Reglamento solo es aplicable a los procedimientos incoados, a los documentos públicos formalizados o registrados y a los acuerdos registrados el 1 de agosto de 2022 o después de esa fecha. Por otra parte, el Reglamento (CE) 2201/2003, que se deroga, seguirá aplicándose a las resoluciones dictadas en procedimientos ya incoados, a los documentos públicos formalizados o registrados y a los acuerdos que hayan adquirido fuerza ejecutiva en el Estado miembro en el que hayan sido celebrados antes del 1 de agosto de 2022 y que entren dentro del ámbito de aplicación de dicho Reglamento.

El nuevo texto comunitario se aplica desde el 22 de agosto de 2022. El texto incluye además normas aplicables a los casos de traslado o retención ilícitos de un menor que afecten a más de un Estado miembro, completando el Convenio de La Haya de 1980.

No será, sin embargo, de aplicación el Reglamento a la determinación y a la impugnación de la filiación; a las resoluciones sobre adopción y medidas que la preparan, ni a la anulación y revocación de la adopción; al nombre y apellidos del menor; a la emancipación; a las obligaciones de alimentos; a los fideicomisos y las sucesiones, ni a las medidas adoptadas a consecuencia de infracciones del Derecho penal cometidas por los menores.

Ámbito de aplicación de la norma

El Reglamento (UE) 2019/1111 de 25 de junio de 2019, se aplica a las materias civiles relativas al divorcio, la separación legal y la nulidad matrimonial. También a las relativas a la atribución, el ejercicio, la delegación, la restricción o la finalización de la responsabilidad parental. Estas últimas podrán incluir, en particular, el derecho de custodia y el derecho de visita; la tutela, la curatela y otras instituciones análogas; la designación y las funciones de toda persona u organismo encargado de ocuparse de la persona o de los bienes de un menor, de representarlo o de prestarle asistencia; el acogimiento de un menor en un establecimiento o un hogar de acogida, y las medidas de protección del menor ligadas a la administración, conservación o disposición de los bienes de un menor.

El texto incluye además normas aplicables a los casos de traslado o retención ilícitos de un menor que afecten a más de un

Estado miembro, completando el Convenio de La Haya de 1980. No será, sin embargo, de aplicación el Reglamento a la determinación y a la impugnación de la filiación; a las resoluciones sobre adopción y medidas que la preparan, ni a la anulación y revocación de la adopción; al nombre y apellidos del menor; a la emancipación; a las obligaciones de alimentos; a los fideicomisos y las sucesiones, ni a las medidas adoptadas a consecuencia de infracciones del Derecho penal cometidas por los menores.

Competencia judicial internacional en materia matrimonial y de responsabilidad parental

En primer lugar la norma atribuye la competencia general en asuntos relativos al divorcio, la separación legal y la nulidad matrimonial, a los órganos jurisdiccionales del Estado miembro en cuyo territorio se encuentre la residencia habitual de los cónyuges; el último lugar de residencia habitual de los cónyuges, siempre que uno de ellos aún resida allí; la residencia habitual del demandado; en caso de demanda conjunta, la residencia habitual de uno de los cónyuges; la residencia habitual del demandante si ha residido allí durante al menos un año inmediatamente antes de la presentación de la demanda, o la residencia habitual del demandante en caso de que haya residido allí al menos los seis meses inmediatamente anteriores a la presentación de la demanda y de que sea nacional del Estado miembro en cuestión; o bien a los órganos jurisdiccionales del Estado miembro de la nacionalidad de ambos cónyuges.

Asimismo, el órgano jurisdiccional del Estado miembro que hubiere dictado una resolución acordando una separación legal será competente para convertir dicha separación legal en divorcio, si la ley nacional lo prevé.

Por lo que respecta a la responsabilidad parental, los órganos jurisdiccionales de un Estado miembro serán competentes respecto de un menor que resida habitualmente en dicho Estado miembro en el momento en que se acuda al órgano jurisdiccional, salvo lo dispuesto en el Reglamente en relación con los derechos de visita, en caso de traslado o retención ilícitos de un menor o los supuestos de elección del órgano jurisdiccional.

El texto también se refiere a los casos en que no pueda determinarse la residencia habitual del menor, siendo competentes los órganos jurisdiccionales del Estado miembro en el que esté presente, a la remisión de competencia a un órgano jurisdiccional de otro Estado miembro y a la transferencia de competencia solicitada por un órgano jurisdiccional de un Estado miembro que no tenga competencia.

Sustracción internacional de menores

La norma incluye disposiciones que serán de aplicación y complementarán el Convenio de La Haya de 1980 cuando una persona, institución u organismo que invoque una violación del derecho de custodia solicite al órgano jurisdiccional de un Estado miembro que dicte una resolución por la cual se ordene la restitución de un menor de dieciséis años que haya sido trasladado o retenido de forma ilícita en un Estado miembro distinto del Estado miembro en el que el menor tenía su residencia habitual inmediatamente antes de su traslado o retención ilícitos. Asimismo, se ocupa de la recepción y tramitación de estas solicitudes, de las formas alternativas de resolución de litigios en cualquier fase del procedimiento y del derecho del menor a expresar su opinión en estos procesos de restitución.

Además, regula el procedimiento de restitución de un menor y la ejecución de las resoluciones que ordenan su restitución, así como el procedimiento siguiente a la denegación de restitución del menor.

Reconocimiento y ejecución de resoluciones

El nuevo Reglamento establece que las resoluciones dictadas en un Estado miembro han de ser reconocidas en los demás Estados miembros sin necesidad de recurrir a procedimiento especial alguno. Asimismo, determina los documentos que deben presentarse para dicho reconocimiento: copia de la resolución que reúna las condiciones necesarias para establecer su autenticidad y el certificado apropiado, y prevé los supuestos de suspensión del procedimiento.

Por otra parte el texto aborda cuestiones tales como la ejecución de dichas resoluciones, la expedición de certificados y los motivos de denegación del reconocimiento de las resoluciones en materia matrimonial y de responsabilidad parental, así como los de denegación de la ejecución de las resoluciones en materia de responsabilidad parental.

En este mismo contexto, la norma incorpora la normativa aplicable al reconocimiento y ejecución de determinadas resoluciones privilegiadas, tales como las que concedan derechos de visita y las dictadas con arreglo al artículo 29, apartado 6, en la medida en que impliquen la restitución del menor. Incluye la regulación del certificado para estas resoluciones, de la denegación de su reconocimiento y ejecución.

Asimism, el texto recoge una serie de disposiciones comunes aplicables al procedimiento de ejecución de resoluciones dictadas en otro Estado miembro, a la suspensión del mismo o a la denegación de la ejecución. Y regula el reconocimiento y ejecución de los documentos públicos y de los acuerdos que hayan sido formalizados o registrados en materia de divorcio, separación legal y responsabilidad parental.

Cooperación en materia de responsabilidad parental

Dispone el Reglamento que cada Estado miembro debe designar una o varias autoridades centrales encargadas de asistirlo en la aplicación de la nueva norma con respecto a las cuestiones de responsabilidad parental y precisará sus competencias territoriales o materiales. Dichas autoridades centrales proporcionarán información sobre la normativa, procedimientos y servicios nacionales disponibles en esta materia, adoptarán las medidas que consideren apropiadas para mejorar la aplicación del presente Reglamento y cooperarán y promoverán la cooperación entre las autoridades competentes de sus respectivos Estados miembros con el fin de cumplir sus objetivos.

La norma detalla las medidas que han de adoptar y se refiere a la cooperación en la recogida e intercambio de información pertinente en procedimientos en materia de responsabilidad parental.

Además, un órgano jurisdiccional de un Estado miembro podrá pedir a los órganos jurisdiccionales o a las autoridades competentes de otro Estado miembro que le asistan en la aplicación de las resoluciones en materia de responsabilidad parental, en particular para garantizar el ejercicio efectivo de los derechos de visita.

El texto también contempla el procedimiento de acogimiento de un menor en otro Estado miembro.

La norma incluye una serie de disposiciones aplicables al tratamiento de todas las peticiones y solicitudes que contempla, relativas a la cooperación y comunicación entre órganos jurisdiccionales, a la obtención y transmisión de información, a las notificaciones o no divulgación de información, formalidades o lenguas.

Por último, el texto prevé la posibilidad de que la Comisión adopte actos delegados relativos a la modificación de los anexos I a IX con objeto de actualizarlos o introducir en ellos modificaciones técnicas.

Foros de competencia judicial internacional en el Reglamento 2019/1111

El artículo 3 del del Reglamento 2019/1111 establece siete foros de competencia judicial internacional. Dichos foros presentan carácter alternativo. No están jerarquizados. Basta que concurra cualquiera de ellos para que las autoridades de un Estado miembro puedan declararse competentes. Esta diversidad de foros alternativos sitúa al demandante en una posición "privilegiada" frente al demandado y fomenta el "forum shopping". Tal vez, hubiese sido deseable, para evitar estas consecuencias adversas, que el legislador europeo se hubiese decantado por introducir la autonomía de la voluntad como foro de competencia judicial internacional.

Los foros establecidos en el artículo 3 del Reglamento 2019/1111 giran en torno a dos criterios atributivos de competencia: la residencia habitual en un Estado miembro y la nacionalidad de un Estado miembro.

En atención al primero, se atribuye competencia judicial internacional en materia de nulidad, separación y divorcio a los órganos jurisdiccionales del Estado miembro en cuyo territorio se encuentre:

1) la residencia habitual de los cónyuges en el momento de presentación de la demanda;
2) el último lugar de residencia habitual de los cónyuges, siempre que uno de ellos, aún resida allí;
3) la residencia habitual del demandado;
4) en caso de demanda conjunta, la residencia habitual de uno de los cónyuges;
5) la residencia habitual del demandante si ha residido allí durante al menos un año inmediatamente antes de la presentación de la demanda;
6) la residencia habitual del demandante en caso de que haya residido allí al menos los seis meses inmediatamente anteriores a la presentación de la demanda de que sea nacional del Estado miembro en cuestión.
7) también se atribuye competencia a los órganos jurisdiccionales del Estado de la nacionalidad de ambos cónyuges

Foros complementarios en el Reglamento 2019/1111

Los artículos 4 y 5 del Reglamento 2019/1111 contienen foros de competencia judicial internacional para dos supuestos concretos:

a) Demanda reconvencional: El artículo 4 del Reglamento 2019/1111 permite que el órgano jurisdiccional que resulte competente conforme a uno de los foros del artículo 3 del Reglamento 2019/1111 para conocer de la demanda inicial, pueda extender su competencia para conocer de una demanda reconvencional, siempre ésta trate sobre una materia comprendía en el ámbito de aplicación del RBII-ter (nulidad, separación o divorcio).

b) Conversión de la separación judicial en divorcio: el artículo 5 del Reglamento 2019/1111 contempla la posibilidad de presentar la demanda de divorcio tras haber obtenido previamente la separación legal, bien ante los órganos jurisdiccionales del Estado miembro que resulte competente en virtud de los foros recogidos en el art. 3 RBII-ter, bien ante los órganos jurisdiccionales del Estado miembro que dictó la resolución acordando la separación legal, siempre y cuando dicha conversión esté permitida por la Ley de dicho Estado.

Cuestiones relevantes

ARTÍCULO 22 QUÁTER C) DE LA LOPJ 2015.

El artículo 22 quáter c) de la LOPJ 2015 atribuye competencia judicial internacional a los tribunales españoles en materia de nulidad, separación y divorcio en los siguientes supuestos:

1°) Cuando ambos cónyuges posean residencia habitual en España al tiempo de a interposición de la demanda;

2°) Cuando ambos cónyuges hayan tenido en España su última residencia habitual y uno de ellos resida allí;

3°) Cuando España sea la residencia habitual del demandado;

4º) En caso de demanda de mutuo acuerdo, cuando en España resida uno de los cónyuges;

5º) Cuando el demandante lleve al menos un año de residencia habitual en España desde la interposición de la demanda;

6º) Cuando el demandante sea español y tenga su residencia habitual en España al menos seis m eses antes de la interposición de la demanda;

7º) Cuando ambos cónyuges tengan nacionalidad española.

3. LEY APLICABLE A LA NULIDAD MATRIMONIAL, SEPARACIÓN JUDICIAL Y DIVORCIO INTERNACIONAL

Una vez que se ha declarado competente el Tribunal español es el momento de determinar la ley aplicable y resolver el litigio privado internacional planteado. En cuanto a la determinación de la ley aplicable en esta materia, debemos distinguir tres supuestos:

A) Ley aplicable a la separación judicial y al divorcio:

Señala el artículo 107.2 del Código Civil que La separación y el divorcio legal se regirán por las normas de la Unión Europea o españolas de Derecho internacional privado. Así, debemos remitirnos al Reglamento 1259/2010. La finalidad del Reglamento es que los matrimonios formados por parejas de distintas nacionalidades o que residan en Estados diferentes, puedan elegir la ley aplicable en caso de divorcio o separación. El Reglamento 1259/2010 también establece qué ley será de aplicación al divorcio en caso de que no haya acuerdo de los cónyuges. Uno de los objetivos de la nueva norma es tratar de evitar que uno de los cónyuges solicite el divorcio antes que el otro con el fin de que el procedimiento se rija por una ley determinada que dicho cónyuge estime más favorable a la protección de sus intereses.

B) Ley aplicable elegida de mutuo acuerdo por las partes:

Los cónyuges de distinta nacionalidad, que pertenezcan a Estados que hayan suscrito el Reglamento 1259/2010 podrán convenir en designar la ley aplicable al divorcio y a la separación judicial siempre que sea una de las siguientes leyes: a) la ley del Estado en que los cónyuges tengan su residencia habitual en el momento de la celebración del matrimonio;, b) la ley del Estado del último lugar de residencia habitual de los cónyuges, siempre que uno de ellos aún resida allí; c) la ley del Estado cuya nacionalidad tenga uno de los cónyuges; o d) la ley del foro.

C) Ley aplicable a falta de elección por las partes:

A falta de acuerdo entre los cónyuges para establecer la ley aplicable al procedimiento de separación o divorcio, el Reglamento 1259/2010 dispone en su artículo 8 que el divorcio y la separación judicial estarán sujetos a la ley del Estado:

a) en que los cónyuges tengan su residencia habitual en el momento de la interposición de la demanda o, en su defecto,

b) en que los cónyuges hayan tenido su última residencia habitual, o en su defecto,

c) de la nacionalidad común de los cónyuges, o en su defecto

d) ante cuyos órganos se interponga la demanda

Dicha ley aplicable resultante rige las siguientes cuestiones:

1°) admisión del divorcio o separación;

2°) causas de separación y divorcio;

3°) efectos que produce la interposición de la demanda;

4°) efectos de la reconciliación sobre el procedimiento y/o el divorcio y posible conversión de la separación en divorcio;

5°) la elaboración de un convenio regulador en los procedimientos de divorcio o separación de mutuo acuerdo;

6º) el régimen del divorcio o de la separación en caso de desacuerdo;

7º) si debe procederse o no a la disolución del régimen económico matrimonial;

8º) los alimentos derivados del divorcio o separación y la pensión compensatoria por desequilibrio económico se regulan también por la Ley del divorcio;

9º) si procede o no la disolución del matrimonio en virtud de la declaración de fallecimiento de uno de los cónyuges; y,

10º) la asignación de la vivienda familiar a uno de los ex-cónyuges o ex convivientes.

Cuestiones relevantes

3) La determinación del Derecho aplicable a las relaciones jurídicas de tráfico jurídico externo se realiza a través de normas específicas de Derecho internacional privado; que pueden ser internas (p. ej. Código Civil), comunitarias o convencionales (p. ej. el Reglamento 1259/2010 o el Convenio de La Haya de 2 octubre 1973 sobre la ley aplicable a las obligaciones de alimentos).

4) Pervivencia de la orientación personalista en la determinación de la ley aplicable al fondo del asunto.

5) Las normas de conflicto generan diversos problemas de aplicación: la aplicación del Derecho extranjero (régimen legal sobre alegación y prueba del Derecho extranjero –artículo 281 de la LEC y 33 de la LCJI–) y el orden público (el contenido del Derecho extranjero no puede vulnerar los principios fundamentales del Derecho español –artículo 12.3. del Código Civil–).

Jurisprudencia relevante

La AP desestima el recurso interpuesto por el demandado frente a la sentencia que estimó la demanda y declaró la separación de los cónyuges litigantes con los efectos inherentes a dicha declaración. El tribunal argumenta que, aunque ambos cónyuges son de nacionalidad rumana, al no existir en el derecho rumano la separación, la misma ha de regirse conforme a la ley española. Por otro lado, no existiendo previsión en el derecho de rumano respecto de los alimentos de los hijos mayores de edad, debe aplicarse igualmente la ley española, al ser la de residencia de los litigantes, que se deben reconocer a la hija común al carecer de independencia por estar cursando sus estudios, siendo su cuantía conforme a las necesidades de la misma y a las posibilidades de padre alimentante (SAP Asturias, sec. 4ª, S 29-9-2006- nº321/2006, REC. 253/2006. Pte: Zamora Pérez, Nuria).

La AP desestima el recurso interpuesto por la demandada frente a la sentencia que estimó la demanda y declaró la nulidad del matrimonio formado con el actor. El tribunal argumenta que, siendo ambos cónyuges de nacionalidad marroquí, debe aplicarse el derecho marroquí y no el español, aunque también conforme a aquél debe declararse la nulidad al estar acreditado que faltó el consentimiento matrimonial (AP Barcelona, sec. 18ª, S 20-6-2006, nº 457/2006, REC. 840/2005. Pte: Viñas Maestre, María Dolores).

Contra la sentencia de instancia, que desestimó la demanda, la AP estima el recurso de apelación interpuesto por la actora, revoca la misma, y en su lugar estima la demanda. Los cónyuges han contraído matrimonio en Marruecos, y son los dos de nacionalidad marroquí. La actora invoca la ley española, por ser la residencia común de los cónyuges, y el demandado la ley nacional común. La falta de prueba del derecho invocado por el demandado lleva a juzgar y fallar según el derecho español. Se establece una pensión compensatoria para la actora y se fija la pensión para los hijos (AP Toledo, sec. 2ª, S 9-1-2006, nº 279/2006, rec.142/2006. Pte: Cruz Mora, Juan Manuel).

Cuestiones relevantes

Reglamento 1259/2010 **Ley aplicable en materia de divorcio y separación judicial**
Este Reglamento es obligatorio en todos sus elementos y directamente aplicable en cada Estado miembro participante en el mismo. Ahora bien, el Reglamento sólo vincula a ciertos Estados miembros. En concreto, a los siguientes Estados miembros: **Bélgica, Bulgaria, Alemania, España, Francia, Italia, Letonia, Luxemburgo, Hungría, Malta, Austria, Portugal, Rumanía, Eslovenia, Lituania, Grecia y Estonia**. El Reglamento Roma III determina, exclusivamente, la Ley aplicable al divorcio y a la separación judicial. No regula ni la competencia internacional para pronunciar un divorcio o separación judicial ni el reconocimiento de resoluciones dictadas de divorcio o separación.
Soluciones de ley aplicable La lista de puntos de conexión que determinan la Ley reguladora del divorcio / separación judicial, es la siguiente (artículos 5 a 8 del Reglamento 1259/2010): 1º) El divorcio y la separación judicial se rigen por la Ley elegida por las partes en los términos de los artículos 5 a 7 del Reglamento 1259/2010. 2º) En defecto de Ley válidamente elegida por los cónyuges, se aplica la Ley del país en que los cónyuges tengan su residencia habitual en el momento de la interposición de la demanda (artículo 8.a del Reglamento 1259/2010). 3º) En defecto del anterior criterio, se aplicará la Ley del Estado en que los cónyuges hayan tenido su última residencia habitual, siempre que el período de residencia no haya finalizado más de un año antes de la interposición de la demanda, y que uno de ellos aún resida allí en el momento de la interposición de la demanda (artículo 8.b del Reglamento 1259/2010). 4º) A falta del anterior criterio, se aplicará la Ley del Estado de la nacionalidad de ambos cónyuges en el momento de la interposición de la demanda (artículo 8.c del Reglamento 1259/2010). 5º) Finalmente, en defecto de todos los anteriores criterios, se aplicará la Ley del Estado ante cuyos órganos jurisdiccionales se interponga la demanda (artículo 8.d del Reglamento 1259/2010).

Ley aplicable a los "divorcios privados".

Con fecha de 11 de junio de 2015, Tribunal Superior Regional Civil y Penal de Múnich, Alemania planteó al TJUE en el asunto C-281/15 Sahyouni una serie de cuestiones prejudiciales relativas a la aplicación del Reglamento nº 1259/2010 en los llamados "divorcios privados" como pueden ser procedimientos instados por tribunales religiosos, como el Tribunal de la Rota; además de cuestiones como ley aplicable y orden público. No obstante, por desgracia, el Auto del TJUE de 12 de mayo de 2016 se declaró incompetente para resolver las preguntas del tribunal alemán, puesto que no se cumplían los requisitos procesales pertinentes, por lo que debemos esperar a un posterior planteamiento para la resolución de tales cuestiones.

4. EFECTOS EN ESPAÑA DE SENTENCIAS DE NULIDAD MATRIMONIAL, SEPARACIÓN JUDICIAL Y DIVORCIO INTERNACIONAL

El reconocimiento de las sentencias de nulidad, separación y divorcio internacional puede obtenerse en España a través de una diversidad de instrumentos legales, principalmente: a) Reglamento 2019/1111; o b) la Ley 29/2015, de 30 de julio, de Cooperación Jurídica Internacional en Materia Civil (LCJIMC).

a. El Reglamento 2019/1111

Las normas de reconocimiento/exequátur contenidos en el Reglamento 2019/1111 solo pueden aplicarse a las resoluciones que hayan sido dictadas por autoridades públicas de un Estado miembro (= art. 2. 2 del Reglamento 2019/1111 a partir del 1 de agosto de 2022.

EL Reglamento 2019/1111 establece diversos mecanismos para dotar a una resolución en materia de nulidad, separación o divorcio internacional de los efectos propios del reconocimiento: a) reconocimiento incidental judicial (= artículo. 30.1 y art. 38

RBII-ter); b) reconocimiento incidental registral (= artículo 30.2 y Considerando 54 del Reglamento 2019/1111); y c) reconocimiento por homologación (= artículos 30.3 y arts. 59 y ss. del Reglamento 2019/1111).

En todos estos supuestos, la autoridad del Estado requerido ha de realizar un control de legalidad, comprobando que no existe ningún motivo del rechazo el reconocimiento (= artículo 38 del Reglamento 2019/1111). En ningún caso, se puede proceder a un control de la competencia judicial de la autoridad del Estado de origen ni de la ley aplicada por la misma (= artículos 69 y 70 del Reglamento 2019/1111). Se pueden reconocer efectos a una resolución no firme, salvo que se trate de un reconocimiento incidental registral (= artículo 30.2 del Reglamento 2019/1111).

b. La LCJIMC

En defecto de aplicación del Reglamento 2019/1111, y ante la ausencia en esta materia de instrumentos convencionales bilaterales o multilaterales de aplicación, el reconocimiento/exequátur de resoluciones judiciales en materia de nulidad, separación y divorcio se rigen por lo dispuesto en los artículos 41 a 61 de la LCJIMC.

Así, conforme a la LCJIMC, las resoluciones judiciales extranjeras firmes no se reconocerán:

a) Cuando fueran contrarias al orden público.

b) Cuando la resolución se hubiera dictado con manifiesta infracción de los derechos de defensa de cualquiera de las partes. Si la resolución se hubiera dictado en rebeldía, se entiende que concurre una manifiesta infracción de los derechos de defensa si no se entregó al demandado cédula de emplazamiento o documento equivalente de forma regular y con tiempo suficiente para que pudiera defenderse.

c) Cuando la resolución extranjera se hubiere pronunciado sobre una materia respecto a la cual fueren exclusivamente competentes los órganos jurisdiccionales españoles o, respecto a las demás materias, si la competencia del juez de origen no obedeciere a una conexión razonable. Se presumirá la existencia de una conexión razonable con el litigio cuando el órgano jurisdiccional extranjero hubiere basado su competencia judicial internacional en criterios similares a los previstos en la legislación española.

d) Cuando la resolución fuera inconciliable con una resolución dictada en España.

e) Cuando la resolución fuera inconciliable con una resolución dictada con anterioridad en otro Estado, cuando esta última resolución reuniera las condiciones necesarias para su reconocimiento en España.

f) Cuando existiera un litigio pendiente en España entre las mismas partes y con el mismo objeto, iniciado con anterioridad al proceso en el extranjero.

g) Las transacciones judiciales extranjeras no se reconocerán cuando fueran contrarias al orden público.

Cuestiones relevantes

Si se trata de obtener el reconocimiento en España de una sentencia de divorcio, nulidad y separación, que ha sido dictada en un Estado miembro, excepto Dinamarca, conforme al Reglamento 2019/1111, se presentará una solicitud de reconocimiento, sin que sea preciso que la resolución a reconocer sea firme en el Estado donde se dictó (basta que sea ejecutiva en el Estado de origen), ante el Juez de Primera Instancia del lugar del domicilio de la persona contra la que se pide el reconocimiento o la declaración de no reconocimiento. Si el demandado no reside en España puede ser demandado en el lugar en que se encuentre en España o en el de su última residencia en España y a falta de tales elementos, en el lugar del domicilio del actor.

La solicitud deberá ser presentada por escrito con abogado y procurador y acompañada de los mismos documentos que en caso anterior.

Se puede plantear el reconocimiento de una resolución de forma incidental.

El reconocimiento en España de las resoluciones dictadas en Dinamarca, y ante la ausencia en esta materia de instrumentos convencionales bilaterales o multilaterales de aplicación se rige por la LCJIMC. El trámite procesal se inicia con la formulación de demanda presentada directamente ante el Juzgado de 1ª Instancia competente.

Si únicamente se pretende la inscripción en el Registro Civil, no es necesario obtener la homologación judicial previa o "exequátur", siendo aplicable la Ley 20/2011, de 21 de julio, del Registro Civil.

Parte IV

Compensación económica por separación o divorcio entre cónyuges en el Derecho internacional privado español

1. PLANTEAMIENTO: COMPENSACIÓN ECONÓMICA POR SEPARACIÓN O DIVORCIO ENTRE CÓNYUGES Y RELACIONES PRIVADAS INTERNACIONALES[127]

Con el fin de dotar al presente trabajo de funcionalidad práctica que permita visualizar, con mayor claridad, las principales cuestiones objeto de análisis, se considera oportuno fijar un supuesto de hecho como punto de partida, para evidenciar las cuestiones que se plantean en el día a día del trabajo de los distintos operadores jurídicos, mostrando que estamos ante un tema que no se queda en lo teórico, sino que es eminentemente práctico:

Marie, de nacionalidad francesa y con residencia en París (Francia), reclama una pensión compensatoria[128] a Tomas, un ciudadano belga residente en Alicante (España), padre de un hijo que tienen en común, y que vive en París con su madre. Teniendo en

---

127 *Vid.*, en sentido amplio, ORTEGA GIMÉNEZ, Alfonso, "La compensación económica por separación o divorcio entre cónyuges en el Derecho internacional privado español", en DE VERDA Y BEAMONTE, José Ramón (Dir.), CHAPARRO MATAMOROS, Pedro y BUENO BIOT, Álvaro (Coords.), *La compensación por desequilibrio en la separación y divorcio. Tratado práctico interdisciplinar*, Editorial Tirant lo Blanch, Valencia (España), 2021, pp.533-548.

128 Debemos aclarar que en el presente trabajo cuando hablamos de "pensión compensatoria" nos estamos refiriendo a la compensación económica por separación o divorcio.

cuenta lo anterior, se presentan varias preguntas fundamentales desde el punto de vista jurídico. Cabe preguntarse, por ejemplo, si ¿serían competentes los tribunales españoles, belgas o franceses para conocer de la acción de reclamación de la pensión compensatoria?; y, una vez determinado el órgano jurisdiccional competente, se presenta otra pregunta esencial con respecto a ¿qué Ley regirá la reclamación de dicha pensión compensatoria?, ¿la legislación española, la belga y/o la francesa? Es evidente que un simple supuesto de hecho plantea numerosas cuestiones jurídicas, más aún si cabe si tenemos en cuenta el elemento internacional que aumenta la complejidad del asunto.

Lo cierto es que nos encontramos ante un tema que, en los últimos años, ha cobrado una actualidad manifiesta, como consecuencia del creciente carácter multicultural de nuestra sociedad derivado del proceso globalizador. El incremento de matrimonios entre cónyuges de diferente nacionalidad, ha causado un incremento directamente proporcional del volumen de estas reclamaciones de pensiones compensatorias en las que se presenta algún elemento internacional[129].

A los efectos que nos ocupan en el presente trabajo, y sin perjuicio de las particularidades existentes tanto en el ordenamiento jurídico español, como en el resto de los ordenamientos jurídicos nacionales, es equivalente hablar de "pensión compensatoria entre cónyuges" y de "obligación de alimentos", estando integradas ambas en el concepto jurídico más amplio de obligaciones alimenticias. De esta forma, el concepto de "obligaciones alimenticias" debe ser objeto de una interpretación amplia, tomando como referencia la jurisprudencia del Tribunal de Justicia de la Unión Europea[130] (a partir de ahora, TJUE), en el contexto del Reglamento (CE) núm. 4/2009 del Consejo, de 18 diciembre 2008, relativo a

---

129 *Vid.* M. Aguilar Benítez de Lugo/H. Aguilar Grieder, "Alimentos y orden público (I)", en *BIMJ*, núm. 2011, 15 abril 2006, pp. 1561-1593.

130 *Vid.* STJUE 6 de marzo de 1980; as. 120/1979; y STJUE 27 de febrero de 1997; as. C-220/1995.

la competencia, la ley aplicable, el reconocimiento y la ejecución de las resoluciones y la cooperación en materia de obligaciones de alimentos[131] (en adelante, el Reglamento 4/2009[132]) de los

---

131 *DOUE* L7 de 10 de enero de 2009. El Reglamento 4/2009 entró en vigor el 30 enero 2009 pero se aplica, en general, desde del 18 junio 2011. En efecto, la Decisión del Consejo de 30 noviembre 2009 relativa a la adhesión de la Comunidad Europea al Protocolo de La Haya, de 23 de noviembre de 2007, sobre la Ley aplicable a las obligaciones alimenticias (DOUE L33 de 16 de diciembre de 2009) indica (= artículo 4) que al adherirse al Protocolo, la Unión Europea declarará que "aplicará las normas establecidas en el Protocolo con carácter provisional a partir del 18 de junio de 2011 (....), si dicho Protocolo no hubiere entrado en vigor en esa fecha de conformidad con su artículo 25, apartado 1".

132 El Reglamento 4/2009 ha sido objeto de estudio por la doctrina, tanto a nivel nacional como a nivel internacional. *Vid.*, entre otros, M. Aguilar Benítez de Lugo/H. Aguilar Grieder, "Alimentos y orden público (I)", BIMJ, núm. 2011, 15 abril 2006, pp. 1561-1593; S. Álvarez González, Crisis matrimoniales y prestaciones alimenticias entre cónyuges, Civitas, Madrid, 1996; Id., "El Reglamento 4/2009/CE sobre obligaciones alimenticias: cuestiones escogidas", Diario La Ley, n.7230, Sec. Doctrina, 31 Julio 2009; B. Ancel, "L'internationalisation de l'obligation alimentaire envers les enfants par le droit conventionnel de la reconnaissance des décisions", Mél. Fritz Sturm, Liège, 1999; P. Beaumont, "International Family Law in Europe — The Maintenance Project, the Hague Conference and the EC: A Triumph of Reverse Subsidiarity", RabelsZ, vol 73, n º 3, 2009, pp. 509-546; F. Maroungiu BuonaiutI, "Obbligazioni alimentari, rapporti patrimoniali tra coniugi e litispendenza tra i regolamenti Bruxelles I e Bruxelles II", RDIPP, 2005, pp. 699-722; D. Martiny, "Maintenance Obligations in the Conflict of Laws", RCADI, 1994, vol.247, pp. 131-290; M. Verwilghen, "Actes et documents de la Douzième session", vol. IV, Conférence de La Haye de Droit international privé, 1972, pp. 383 ss. (informe explicativo Convenio de La Haya de 2 octubre 1973 sobre la Ley aplicable a las obligaciones de alimentos); I. Viarengo, "Le obbligazioni alimentari nel diritto internazionale privato comunitario", en S. Bariatti (Coord.), La famiglia nel diritto internazionale privato comunitario, Milano, Dott. A. Giuffrè Editore, S.p.A., 2007, pp. 227-265; A. Malatesta, "La convenzione e il Protocollo dell'Aja del 2007 in materia de alimenti", RDIPP, 2009, pp. 829-848; F. Pocar / I. Viarengo, "Il Regolamento (CE) n.4/2009 in materia di

que se puede extraer la siguiente definición: prestaciones cuyo objeto sea satisfacer las necesidades socio-económicas del individuo a partir de una relación de familia", independientemente de que se trate de pagos periódicos o de una suma total única, e incluye, en particular, las pensiones compensatorias entre cónyuges, en la medida en que derivan de la ruptura de una relación de familia y/o se basan en las necesidades y recursos respectivos de los esposos, que tienen una naturaleza equivalente a la pensión de alimentos.

Normativa de referencia

Reglamento (CE) núm. 4/2009 del Consejo, de 18 diciembre 2008, relativo a la competencia, la ley aplicable, el reconocimiento y la ejecución de las resoluciones y la cooperación en materia de obligaciones de alimentos

Cuestiones relevantes

Concepto de "alimentos" en el Reglamento 4/2009. El concepto de "alimentos" que maneja el Reglamento 4/2009 es el mismo que ya manejaba el Reglamento 44/2001. Se trata de un "concepto autónomo", independiente, europeo, propio de

obbligazioni alimentari", en RDIPP, 2009, pp. 806-828; S. Poillot-Peruzzetto, "Le règlement n.4/2009 du Conseil du 18 décembre 2008 en matière d'obligations alimentaires", Dalloz, Répertoire de droit communautaire, mars 2009; M. Guzman Zapater, "La superación del exequátur en el espacio judicial europeo: decisiones relativas a derecho de visita y obligación de alimentos", Cursos de Derecho Internacional y Relaciones Internacionales de Vitoria-Gasteiz, 2006, pp. 211-246; W. Duncan, "The New Hague Convention on the International Recovery of Child Support and other forms of family maintenance", International Family Law, marzo 2008, pp. 13 y ss; D. Rosettenstein, "Choice of law in international child support obligations: Hague or vague, and does it matter? an American perspective", International Journal of Law, Policy and the Family, 2008, pp. 122 – 134; D. Eames, "The new Hague Maintenance Convention", Family Law, 2008, pp. 347 350.

dicho Reglamento 4/2009. Es un concepto diferente del concepto de "alimentos" que manejan los Derechos de los Estados miembros. Es, además, un concepto muy amplio. Con arreglo al Considerando 11 del Reglamento 4/2009, cabe precisar lo siguiente: (a) Son "alimentos", a efectos del Reglamento 4/2009, todas aquellas prestaciones que la Ley establece con el objetivo de paliar las necesidades económicas de ciertas personas y que se imponen sobre ciertos parientes o personas que disponen de mayores recursos económicos (= STJCE 20 marzo 1997, *Farrell*; en el sector de la Ley aplicable, *vid.* la muy correcta SAP Barcelona 14 octubre 2013 (JUR 2013\171899) (divorcio de cónyuges marroquíes), que indica que la prestación regulada en el Derecho marroquí y conocida como "Mut'a" (artículo 84 Mudawana marroquí) desarrolla una función alimenticia y debe regirse por las normas españolas de Derecho internacional privado relativas a los alimentos (también SAP Barcelona 17 noviembre de 2009); (b) No importa la denominación jurídica de la prestación a satisfacer: pensión compensatoria, alimentos, deber de socorro, manutención, cargas del matrimonio, etc. Tampoco importa la modalidad de la prestación: que la prestación consista en el pago de una suma monetaria y/o en la cesión de un bien, que el pago de la suma sea *in tontum* o en "cuotas periódicas", etc., es indiferente. También es irrelevante que obligación se haya determinado en consideración de las necesidades y recursos de las partes (Informe POCAR sobre el Convenio de "Lugano II", núm. 54 en DOUE 13 diciembre 2019); (c) La amplitud del concepto "alimentos" manejado por el Reglamento 4/2009 hace que en el mismo se incluyan ciertas prestaciones compensatorias entre ex–cónyuges. En efecto, el concepto de "alimentos" recogido en el Reglamento 4/2009, cubre la "pensión por desequilibrio" contemplada en el artículo 97 CC, aunque se decida en el marco de un proceso de divorcio (= proceso que está excluido del Reglamento Bruselas I-bis y del Reglamento 4/2009 (alimentos) STJCE 25 febrero 2010 (JUR 2010\132308), SAP Barcelona 11 marzo 2010 (RJ 2010\2723) SAP Lleida 7 abril 2006 (JUR 2006\249369), SAP Barcelona de 12 febrero 2013 (JUR 2013\111432) (divorcio entre cónyuges portugueses), SAP Barcelona 12 mayo 2015 (JUR 2013\171899) (cónyuges alemanes)). La pensión post-divorcio que para la determinación de su cuantía toma en consideración las necesidades y los recursos de cada uno de los cónyuges, y que tiene como finalidad la manutención del cónyuge, debe ser considerada una pensión de "alimentos". La solución puede parecer extraña a los juristas españoles, pues es sabido que, en Derecho civil español, la pensión compensatoria post-divorcio no tiene "naturaleza alimenticia".

En nuestro ordenamiento interno, de conformidad con el artículo 97 del Código Civil, redactado por Ley 30/1981, de 7 de julio, la pensión compensatoria constituye la cantidad periódica que un cónyuge debe satisfacer a otro tras la separación o el divorcio, para compensar el desequilibrio padecido por un cónyuge (= el acreedor), en relación con el otro cónyuge (= el deudor), como consecuencia directa de dicha separación o divorcio, de la que se derive un empeoramiento en relación con su anterior situación en el matrimonio. Se trata, por lo tanto, de una prestación que no tiene como finalidad reparar otros daños causados por un cónyuge a otro, cuya reclamación tiene un cauce y unos medios diferentes; ni tampoco tiene como propósito igualar el patrimonio privativo de los cónyuges después de la separación o el divorcio o economías dispares, sino que, más bien, el objetivo de la pensión compensatoria es la sustitución de los deberes de asistencia y de socorro mutuo reparando el desequilibrio causado entre los patrimonios de los cónyuges en aquellos casos en los que la separación y el divorcio causa un empeoramiento en la situación patrimonial de uno de los cónyuges.

De esta manera, teniendo en cuenta la anterior definición material extraída de nuestro ordenamiento interno, y añadiendo el elemento internacional que se presenta de forma cada vez más habitual, es posible analizar las principales cuestiones de Derecho Internacional Privado del tema planteado, teniendo en cuenta que, en este ámbito, se trata de una cuestión cuya regulación es fiel reflejo del proceso de codificación internacional en la materia desarrollado en los tres ámbitos tradicionales: competencia judicial internacional, ley aplicable y reconocimiento y ejecución de las relaciones en esta materia. Por lo tanto, a continuación, analizaremos estos elementos con el fin de fijar adecuadamente el régimen jurídico de la pensión compensatoria entre cónyuges en el Derecho internacional privado español.

2. EL SISTEMA ESPAÑOL DE COMPETENCIA JUDICIAL INTERNACIONAL EN MATERIA DE COMPENSACIÓN ECONÓMICA POR SEPARACIÓN O DIVORCIO ENTRE CÓNYUGES.

Normativa de referencia

El principal instrumento legal vigente en España en esta materia es, como ya hemos señalado, el Reglamento 4/2009, que contiene un conjunto de normas que regulan competencia judicial internacional en esta materia. Asimismo, el Reglamento 4/2009 regula el reconocimiento y *exequátur* de las decisiones en materia de alimentos dictadas por autoridades de los Estados miembros (= Capítulo IV del Reglamento 4/2009), encontrándonos, en este punto, con que las decisiones dictadas por autoridades de Estados miembros vinculados por el Protocolo de La Haya de 2007 disponen, como veremos, de un régimen más favorable para alcanzar su efectividad en los demás Estados miembros (= sección 1 Capítulo IV del Reglamento 4/2009), mientras que las procedentes de Estados miembros no vinculados por el Protocolo de La Haya de 2007 están sujetas a un régimen más severo (= sección 2 Capítulo IV del Reglamento 4/2009).

Cuestiones relevantes

Competencia en materia de alimentos y artículo 22 quáter de la LOPJ. Antes de la entrada en vigor del Reglamento 4/2009, y en defecto de instrumento internacional aplicable, los tribunales españoles eran competentes en materia de obligaciones de alimentos con arreglo al artículo 22 LOPJ, redacción de 1985. SAP Barcelona 24 noviembre 2006 (JUR 2007\139864); SAP Barcelona 2 mayo 2006 (JUR 2006\272347); SAP Tarragona 6 febrero 2006 (AC 2006\1944), AAP Tarragona 30 enero de 2009 (JUR 2009\65022). Hoy día, el precepto es inaplicable. El artículo 22 quáter f), precepto redactado en 2015 y que contiene los foros de competencia internacional con arreglo a los cuales los tribunales españoles pueden declararse competentes en los casos internacionales relativos a alimentos resulta inaplicable en la práctica. En concreto, el texto inaplicable del artículo 22 quáter f) LOPJ indica que los tribunales españoles son competentes: *f) En materia de alimentos, cuando el acreedor o el demandado de los mismos tenga su residencia habitual en España o, si la pretensión de alimentos se formula como accesoria a una cuestión sobre el estado civil o de una acción de responsabilidad parental, cuando los Tribunales españoles fuesen competentes para conocer de esta última acción.*

El estudio del régimen de la competencia judicial internacional previsto en el Reglamento 4/2009 nos debe llevar, *a priori*, a destacar las siguientes ideas sobre las que se profundizará más adelante y que tienen, como fin último inspirador, garantizar la proximidad entre el acreedor y el órgano jurisdiccional competente y favorecer, por ende, el cobro efectivo de los créditos alimenticios en casos transfronterizos[133]:

---

[133] Esta cuestión se pone de relieve, con total claridad, en la STJUE de 18 diciembre de 2014 (RJ 2014\2858), en los asuntos acumulados C-400/13 y C-408/13, Sanders y Huber, aborda el juego del artículo 3.b) en relación con la normativa interna de un EM, que prevé una concentración de competencias judiciales en materia de obligacio-

1ª) El foro general determina que, la jurisdicción competente para decidir en materia de obligaciones alimenticias es la del lugar de residencia habitual del demandado o el acreedor; mientras que la competencia judicial internacional corresponderá al órgano jurisdiccional competente en virtud de la ley del foro para examinar una acción en materia de estado de las personas (un divorcio, por ejemplo) o de responsabilidad parental[134], cuando esté asociada una demanda relativa a una obligación alimentaria (siempre que esta competencia no se base únicamente en la nacionalidad de una de las partes).

---

nes de alimentos transfronterizas a favor de un órgano jurisdiccional de primera instancia, que sea competente en el lugar en el que se encuentre el órgano jurisdiccional de apelación. El TJUE asume con claridad que las reglas de competencia previstas en el Reglamento 4/2009 tienen por objeto garantizar una proximidad entre el acreedor y el órgano jurisdiccional competente y favorecer, por ende, el cobro efectivo de los créditos alimenticios en casos transfronterizos. En consonancia con ello, se entiende que el artículo 3.b) del Reglamento 4/2009 debe interpretarse como oponiéndose a una normativa nacional que prevea tal concentración de competencias, salvo que dicha regla contribuya a la consecución del objetivo de una recta administración de la justicia y proteja el interés de los acreedores de alimentos favoreciendo el cobro efectivo de tales créditos, lo que, en cualquier caso, corresponde comprobar al órgano jurisdiccional remitente.

134 En lo que respecta al concepto de "responsabilidad parental", la jurisprudencia comunitaria ha considerado que se trata de un concepto amplio que debe ser interpretado de manera extensiva (STJUE 21 de octubre 2015 (RJ 2015\1320). De esta forma, se trata de un concepto que comprende "los derechos y obligaciones conferidos a una persona física o jurídica en virtud de una resolución judicial, por ministerio de la ley o por un acuerdo con efectos jurídicos, en relación con la persona o los bienes de un menor" (artículo1.2, 1.3 y 2.7 RB II-bis). Al respecto, vid. entre otras la STJUE 27 noviembre de 2017 (RJ 2017\1486).

2ª) Salvo en el caso de los litigios relativos a la obligación de alimentos respecto a un menor de edad inferior a 18 años, las partes podrán, bajo ciertas condiciones, atribuir de común acuerdo la competencia a un órgano jurisdiccional o a los órganos jurisdiccionales de un Estado miembro para resolverlo.

3ª) Será competente el órgano jurisdiccional de un Estado miembro ante el cual comparezca el demandado, excepto si éste pretende impugnar tal competencia.

4ª) Si no se cumple ninguna de las condiciones antes mencionadas, el litigio podrá interponerse, teniendo en cuenta algunas condiciones, ante los órganos jurisdiccionales de un Estado miembro en el que residan las dos partes.

5ª) De no darse esa circunstancia, si el procedimiento no puede interponerse en un Estado tercero con el que el litigio tiene un estrecho vínculo, la demanda podrá interponerse ante el órgano jurisdiccional de un Estado miembro con el que el asunto presente un vínculo suficiente.

6ª) Si el acreedor sigue viviendo en el Estado miembro que ha dictado la resolución en materia de obligaciones de alimentación, el deudor no podrá, salvo excepciones, iniciar un procedimiento para modificarla en ningún otro Estado miembro. Sin embargo, el acreedor podrá aceptar que otro órgano jurisdiccional conozca del recurso.

7ª) Si un procedimiento concerniente a las mismas partes y con el mismo objeto y la misma causa se presentase ante los órganos jurisdiccionales de distintos Estados miembros, será competente el órgano jurisdiccional ante el cual se interpuso primero.

8ª) Independientemente del órgano jurisdiccional competente en el fondo, se pueden presentar medidas provisionales y cautelares ante todo órgano jurisdiccional de cualquier Estado miembro, conforme las previsiones de la ley del Estado en cuestión.

Aunque las anteriores ideas son las que derivan del estudio de las previsiones del Reglamento 4/2009, resulta necesario un análisis de mayor profundidad de los diferentes foros de competencia que se regulan en el meritado Reglamento.

2.1. Foros de competencia

El artículo 3 del Reglamento 4/2009 establece cuatro foros[135] que tienen carácter alternativo[136]: a) el órgano jurisdiccional

---

135 En relación a la finalidad última de la inclusión de foros alternativos de competencia, resulta de especial interés la STJUE, as. C-400/13 y 408/13 (http://curia.europa.eu/juris/document/document.jsf?text=&docid=160938&pageIndex=0&doclang=es&mode=lst&dir=&occ=first&part=1&cid=4457728) que señala que el artículo 3 del Reglamento establece cuatro foros alternativos. Según este precepto, serán competentes internacional y territorialmente los tribunales del lugar: donde el demandado tenga su residencia habitual; o donde el acreedor tenga su residencia habitual. Por consiguiente, serán competentes los tribunales españoles o siempre que la residencia habitual del demandado esté en España o siempre que el acreedor tenga su residencia habitual en España. El contenido de estos foros y su juego alternativo quiere favorecer el acceso a la justicia de la parte sujeta a necesidad económica; además, se prevén dos reglas alternativas de conexidad procesal cuando la obligación alimenticia se reclame como accesoria a una acción de estado civil o a una acción relativa a la responsabilidad parental. En el primer caso, los tribunales que tengan competencia para conocer también de la obligación alimenticia, salvo que la competencia para conocer de aquélla se hubiese basado exclusivamente en la nacionalidad de una de las partes.

136 En este sentido, resulta irrelevante que el deudor tenga su domicilio para la aplicación del Reglamento 4/2009, ya que este parte de la base de que la mejor manera de preservar los intereses de los acreedores de alimentos y de favorecer una buena administración de justicia en la UE es garantizando la aplicación generalizada de unas nuevas reglas. A tal fin, el hecho de que el demandado tenga su residencia habitual en un tercer Estado deberá dejar de ser una causa de inaplicación de las reglas comunitarias de competencia.

del lugar donde el demandado tenga su residencia habitual, o b) el órgano jurisdiccional del lugar donde el acreedor tenga su residencia habitual[137][138], o c) el órgano jurisdiccional compe-

---

137 El ATJUE de 10-4-2018, en el as. C-85/18 PPU, CV, por su parte, precisa que el artículo 3 del Reglamento debe interpretarse en el sentido de que en una situación en la que un menor que tenía su residencia habitual en un Estado miembro fue trasladado ilícitamente por uno de sus progenitores a otro Estado miembro, los órganos jurisdiccionales de ese otro Estado miembro no son competentes para pronunciarse sobre una demanda relativa al derecho de custodia, o a la fijación de una pensión alimenticia respecto de dicho menor, a falta de toda indicación de que el otro progenitor haya dado su conformidad con el traslado del menor, o no haya presentado demanda de restitución de este último. Por su parte, en el caso de acciones de modificación de medidas la STJUE de 15-2-2017, en el as. C-499/15, W y V, señala que el artículo 3 debe interpretarse en el sentido de que los órganos jurisdiccionales de un Estado miembro que han adoptado una resolución firme en materia de alimentos en lo que respecta a un menor de edad no siguen siendo competentes para conocer de una demanda de modificación de las medidas establecidas en esa resolución, en el caso de que la residencia habitual del menor esté situada en el territorio de otro Estado miembro. Los órganos jurisdiccionales competentes para conocer de esa demanda son los órganos jurisdiccionales de este último Estado miembro.

138 Una cuestión interesante en lo que respecta a los foros de competencia en general, y al foro de la residencia habitual del acreedor de los alimentos, en particular, se plantea debido a la inclusión de las acciones de repetición o regreso alimenticio ejercitadas por entes públicos en el ámbito de aplicación material de las reglas sobre alimentos del Reglamento "Bruselas I" ha sido fuente de dudas (= Auto AP De Islas Baleares (sección 4ª) de 2 de diciembre de 2011 (JUR 20111\111432)). La aplicación del régimen del Reglamento "Bruselas I" parecía depender en este caso de la naturaleza de la legitimación ejercida por el ente público, derivada directamente de la relación jurídico-privada o, al contrario, justificada en una prerrogativa del poder público (*iure imperii*). Sólo en este último caso parecía que la aplicación del régimen de Bruselas quedaba descartada, si bien el Tribunal de Justicia tendió a resolver la alternativa según que se tratase de una legitimación conferida por normas de "Derecho civil" o de "Derecho público", esto es, basándose más bien en criterios

tente en virtud de la ley del foro para conocer de una acción relativa al estado de las personas, cuando la demanda relativa a una obligación de alimentos sea accesoria de esta acción, salvo si esta competencia se basa únicamente en la nacionalidad de una de las partes, o d) el órgano jurisdiccional competente en virtud de la ley del foro para conocer de una acción relativa a

---

formales relativos a la fuente que en criterios sustanciales referidos al carácter de la intervención del organismo público (Sents. TJCE de 14 de noviembre de 2002, As. C-271/2000: "Baten" (http://curia.europa.eu/juris/showPdf.jsf;jsessionid=4D89D8758E42CF7BE0117 0446EF667B9?text=&docid=47511&pageIndex=0&doclang=es&mode=lst&dir=&occ=first&part=1&cid=520280) y de 15 de enero de 2004 (Asunto C-433/2001: "Jan Blijdenstein" (http://curia.europa.eu/juris/showPdf.jsf?text=&docid=48852&pageIndex=0&doclang=ES&mode=lst&dir=&occ=first&part=1&cid=521449 / http://www.ciss.es/publico/deloitte/2013_81_S_040.pdf).

Con independencia de la fuente de la legitimación del ente público en estos supuestos, lo que sí deja claro el Tribunal en estas decisiones es que, en los supuestos de subrogación del organismo público en los derechos del acreedor, la acción de repetición no puede basarse en los foros especiales en materia de alimentos, directamente justificados en la protección del acreedor de alimentos como parte débil, estando obligado a recurrir al foro general del domicilio del demandado. En ningún caso un organismo público (ni siquiera al margen de sus prerrogativas públicas) podría utilizar el foro de la residencia habitual del acreedor contenido en el artículo 3 b) del Reglamento "Bruselas III". A efectos de este Reglamento, los organismos públicos sólo son considerados "acreedores" en el capítulo del reconocimiento y ejecución de decisiones (fundamento 14 y artículo 64). En el caso de España, el Real Decreto 1618/2007 de 7 de diciembre sobre organización y funcionamiento del Fondo de Garantía del Pago de Alimentos configura la subrogación del Estado con un carácter eminentemente público (artículo 24). La Disposición adicional segunda prevé que cuando el deudor de alimentos resida en el extranjero, los beneficiarios de los anticipos públicos podrán, en cualquier momento del procedimiento, reclamar el pago de alimentos en aplicación de los convenios internacionales existentes en la materia, con independencia de su condición de beneficiario del anticipo del Fondo de Garantía del Pago de Alimentos.

la responsabilidad parental, cuando la demanda relativa a una obligación de alimentos sea accesoria de esta acción, salvo si esta competencia se basa únicamente en la nacionalidad de una de las partes[139].

Cuestiones relevantes

Análisis del foro de la residencia habitual del acreedor de alimentos (= artículo 3.b del Reglamento 4/2009). El foro recogido en el artículo 3.b del Reglamento 4/2009 potencia la posición jurídica del acreedor de alimentos, persona más necesitada de tutela jurídica (= STJUE 18 diciembre 2014, as. ac. C-400/13 y C-408/13, *Sanders y otros,* FD 28). Normalmente, el demandante es el acreedor de alimentos. Dispone así de una "carta de foros" de competencia judicial internacional que le permite accionar ante los tribunales de diferentes Estados miembros. Por otro lado, el tribunal del lugar de la residencia habitual del acreedor de alimentos está en óptimas condiciones "para comprobar si éste se encuentra en situación de necesidad y para determinar el alcance de esta última" (= STJUE 18 diciembre 2014, as. ac. C-400/13 y C-408/13, *Sanders y otros,* FD 34).

El acreedor de alimentos puede accionar ante los tribunales del Estado miembro de su residencia habitual. De ese modo, el acreedor no está obligado a "perseguir judicialmente" al deudor ante los tribunales del Estado donde éste reside. El artículo 3.b del Reglamento 4/2009 recoge un foro de ataque (*fórum actoris*).

---

139 Sobre esta cuestión se ha dictado, por parte del TJUE una interesante jurisprudencia que se puede observar en la STJUE de 16-7-2015, en el as. C-184/14, A, considera que el artículo 3, letras c) y d), del Reglamento 4/2009 debe interpretarse en el sentido de que, cuando un órgano jurisdiccional de un Estado miembro conoce de una acción de separación, o de ruptura del vínculo conyugal, entre los padres de un hijo menor de edad, y un órgano jurisdiccional de otro Estado miembro conoce de una acción de responsabilidad parental en relación con ese menor, una demanda relativa a una obligación de alimentos a favor de ese hijo sólo es accesoria a la acción relativa a la responsabilidad parental en el sentido del artículo 3, letra d), de dicho Reglamento.

De este modo, los alimentos pueden ser concedidos de modo más rápido (*venter non patitur dilationem*).

El artículo 3.b del Reglamento 4/2009 permite al acreedor de alimentos acudir ante los tribunales del país donde tiene su "residencia habitual". Ello es relevante en los casos en que el demandante, aun cuando conserva su "domicilio legal" en un país, (normalmente, país de acogida de emigrantes), reside de facto, pero habitualmente, en otro, que suele ser el Estado de origen del emigrante acreedor de alimentos, al que puede haber regresado tras una ruptura de convivencia en el país de acogida.

Este foro recogido en el artículo 3.b del Reglamento 4/2009 opera como una regla de competencia internacional y también como una regla de competencia territorial. Ahora bien, la precisión exacta del órgano jurisdiccional concretamente competente para resolver tales litigios y la definición concreta de la competencia territorial de los órganos jurisdiccionales del lugar de residencia habitual del acreedor, corresponde a cada Estado miembro. El Estado miembro en cuestión debe señalar como competente un tribunal que corresponda, realmente, al lugar donde el acreedor tiene su residencia habitual. Algunos Estados disponen de reglas de concentración de litigios sobre alimentos, que obligan al acreedor a litigar ante un tribunal que conoce de otro pleito o acción (normalmente un tribunal especializado en pleitos de alimentos) y lo alejan del lugar de su residencia habitual. Pues bien, en estos casos, debe realizarse una ponderación de intereses en este sentido: a) El artículo 3.b del Reglamento 4/2009 se opone, en principio, a las normativas nacionales que establecen una concentración de competencias judiciales en materia de obligaciones de alimentos transfronterizas a favor de un órgano jurisdiccional de primera instancia competente en el lugar en el que se encuentre la sede del órgano jurisdiccional de apelación; b) Ahora bien, esta normativa no es contraria al citado precepto si la misma contribuye a la consecución del objetivo de una recta administración de la justicia y proteja el interés de los acreedores de alimentos al favorecer el cobro efectivo de tales créditos, lo que, en cualquier caso, corresponde comprobar al órgano jurisdiccional que conoce del asunto.

Cuando la acción se ejercita por un progenitor en nombre y representación de su hijo menor, el titular del crédito alimenticio es el menor, Él es el que ejercita la acción. Por tanto, debe tenerse en cuenta la residencia habitual del menor y no la residencia habitual de la madre (= SAP Barcelona de 29 abril de 2014 (JUR 2014\134864)).

Resulta muy discutida la cuestión de saber si el foro recogido en el artículo 3.b del Reglamento 4/2009 puede emplearse cuando el demandante no es el acreedor de alimentos, sino una institución pública que pide el reembolso de los alimentos a otra personal, normalmente, al deudor que tenía que suministrar tales alimentos. La jurisprudencia del TJCE era contraria, y con mucha razón, pues el fundamento del precepto consiste en favorecer al "acreedor de alimentos", no a "otros sujetos" que pueden actuar como "demandantes" en un litigio de alimentos (STJCE 15 enero 2004, *Bayern*). El antiguo artículo 5.2 del Reglamento 44/2001 era, pues, un "foro unidireccional": sólo beneficiaba al "acreedor de alimentos" y a nadie más. Esta tesis todavía puede mantenerse en relación con el artículo 68.2 del Reglamento 4/2009 podrá permitir también utilizar dicho foro a "un organismo público" que actúa en lugar de una persona física a quien se le deba el pago de alimentos.

En definitiva, nos encontramos con que, en defecto de sumisión expresa o tácita, el Reglamento "Bruselas III", de forma parecida a lo previsto en el Reglamento "Bruselas I" o en el Convenio de "Lugano II", prevé la competencia concurrente de los tribunales de los Estados miembros correspondientes a la residencia (en lugar del domicilio) del demandado y a la residencia (y no al domicilio) del acreedor de alimentos (= artículo 3 a) y b)). Acreedor alimenticio debe ser considerado tanto quien ya ha sido reconocido por una resolución judicial previa como titular de tal derecho, como quien por vez primera interpone una acción de alimentos (STJCE de 20 de marzo de 1997, As. C-295/1995: "Jackie Farrel/James Long")[140].

Además, el Reglamento 4/2009 también, prevé el juego de la autonomía de la voluntad (= artículo 4 del Reglamento 4/2009), estableciendo unos foros de sumisión expresa y tácita. De esta forma, las partes podrán convenir que cualquiera de los siguientes órganos jurisdiccionales de un Estado miembro sean competentes para resolver los litigios en materia de obligación de alimentos suscitados o que puedan suscitarse entre ellos: a) el órgano jurisdiccional competente para conocer de sus litigios en materia matrimonial, o b) el órgano u órganos jurisdiccionales del Estado miembro en cuyo territorio hayan tenido su última residencia habitual común los cónyuges durante al menos un año. El Reglamento no exige que dichas partes o una de las partes tenga su residencia habitual o domicilio en un Estado miembro. La elección deberá hacerse por escrito y tendrá alcance exclusivo. Se considerará hecho "por escrito" toda transmisión efectuada por medios electrónicos que proporcione un registro duradero del acuerdo, como, p. ej., intercambio de *emails* (= artículo 4.2 del Reglamento 4/2009).

---

140 El fundamento último de este sistema de determinación de la competencia judicial internacional en el caso de los litigios sobre alimentos se observa, con absoluta nitidez, en la Sentencia de 20-03-1997, núm. C-295/1995, Jackie Farrell/James Long, en la que el Tribunal declara que, en materia de obligaciones alimentarias, se permite a una esposa que haya sido abandonada por su marido demandar a este último para que pague una pensión alimentaria no ante el Juez del lugar del domicilio legal sino ante el Juez del lugar en el que ella tiene su residencia habitual). El fundamento de este foro es tanto procesal como sustantivo. Desde un punto de vista procesal, permite al Tribunal una mejor valoración de las necesidades del acreedor alimenticio. Desde una perspectiva sustantiva, favorece el acceso a la justicia de la parte económicamente más débil.

Cuestiones relevantes

Análisis y régimen jurídico de la sumisión expresa. Las partes pueden elegir como competentes a un concreto órgano jurisdiccional de un Estado miembro o los órganos jurisdiccionales de un Estado miembro en su conjunto, caso en el que la precisión del concreto órgano jurisdiccional competente se llevará a término con arreglo a la legislación procesal de dicho Estado;

Las partes sólo pueden elegir como competentes determinados órganos jurisdiccionales de los Estados miembros y en concreto (= artículo 4.1 letras a, b, c del Reglamento 4/2009): a) El órgano u órganos jurisdiccionales del Estado miembro en que una de las partes tenga su residencia habitual; b) El órgano u órganos jurisdiccionales del Estado miembro del que sea nacional una de las partes; c) Por lo que respecta a las obligaciones de alimentos entre cónyuges o ex cónyuges, el órgano jurisdiccional competente para conocer de sus litigios en materia matrimonial, o el órgano u órganos jurisdiccionales del Estado miembro en cuyo territorio hayan tenido su última residencia habitual común los cónyuges durante al menos un año. Las condiciones contempladas en las letras a), b) o c) del artículo 4.1 del Reglamento 4/2009 deben cumplirse en el momento de celebrarse el acuerdo de elección de foro o de presentación de la demanda.

Las partes pueden elegir los tribunales competentes en relación con litigios en materia de alimentos ya suscitados o que puedan suscitarse entre ellas en el futuro.

La competencia atribuida en virtud de un acuerdo de elección de tribunal o tribunales se presume que es "exclusiva" y que, por ello, excluye la competencia de cualquier otro tribunal designado por el Reglamento 4/2009, salvo que las partes hayan pactado lo contrario de modo expreso o tácito (artículo 4.1 III del Reglamento 4/2009).

El acuerdo de elección del foro debe celebrarse por escrito. Es una forma *ad solemnitatem*, de modo que, si no se observa, se estimará que el acuerdo no existe y no produce efectos legales. Se considerará hecho "por escrito" toda transmisión efectuada por medios electrónicos que proporcione un registro duradero del acuerdo, como intercambio de *emails*, por ejemplo (artículo 4.2 del Reglamento 4/2009).

Los acuerdos de elección de tribunal competente son posibles en relación con todo litigio de alimentos excepto con los litigios relativos a la obligación de alimentos respecto de un menor de edad inferior a 18 años (= artículo 4.3 del Reglamento 4/2009).

Si las partes hubieren acordado atribuir una competencia exclusiva a un órgano jurisdiccional o a los órganos jurisdiccionales de un Estado parte en el Convenio de Lugano II de 30 de octubre de 2007 que no fuera un Estado miembro de la UE, el Convenio de Lugano II será aplicable excepto en lo referente a los litigios relativos a la obligación de alimentos respecto de un menor de edad inferior a 18 años (= artículo 4.4 del Reglamento 4/2009).

El artículo 4 del Reglamento 4/2009 permite la libre elección del tribunal competente por las partes y no exige para ello que dichas partes o una de las partes tenga su residencia habitual o domicilio en un Estado miembro.

Los foros de competencia internacional recogidos en el Reglamento 4/2009 tienen como objetivo "ofrecer una protección particular al alimentista, que es considerado la parte más débil en un procedimiento de este tipo" (= STJUE 18 diciembre 2014, as. Ac. C-400/13 y C-408/13, *Sanders y otros*, FD 28). Ese favor jurisdiccional se traduce en que las normas de competencia recogidas en el Reglamento 4/2009 garantizan una "proximidad entre el acreedor y el órgano jurisdiccional competente".

En cuanto a la sumisión tácita, nos encontramos con que, con independencia de los casos en los que su competencia resultare de otras disposiciones del Reglamento 4/2009, será competente el órgano jurisdiccional del Estado miembro ante el que compareciere el demandado (= artículo 5 del Reglamento 4/2009).

Cuestiones relevantes

Análisis y régimen jurídico de la sumisión tácita. En cuanto a la sumisión tácita, regulada en el artículo 5 del Reglamento 4/2009, cabe subrayar que sigue la horma presente en el artículo 26 RB I-bis, de modo que, si el demandado comparece ante el tribunal al que el actor se ha dirigido previamente, y no impugna la competencia de dicho tribunal, éste será competente para conocer del litigio relativo a alimentos. No es relevante la nacionalidad ni el país de domicilio de los litigantes.

Además de los anteriores foros de competencia, nos encontramos con un foro subsidiario de competencia y con un *fórum necessitatis.*

En lo que respecta al foro subsidiario de competencia, nos encontramos con que, cuando ningún órgano jurisdiccional de un Estado miembro sea competente con arreglo a los citados artículos 3, 4 y 5, serán competentes los órganos jurisdiccionales del Estado miembro del que las partes tengan nacionalidad común (= artículo 6 del Reglamento 4/2009).

Por lo que respecta al *fórum necessitatis*, dispone el Reglamento 4/2009 que, cuando ningún órgano jurisdiccional de un Estado miembro sea competente con arreglo a los artículos 3, 4 y 5, los órganos jurisdiccionales de un Estado miembro podrán, en casos excepcionales, conocer del litigio si un procedimiento no puede razonablemente introducirse o llevarse a cabo o resulta imposible en un Estado tercero con el cual el litigio tiene estrecha relación (= artículo 7 del Reglamento 4/2009). Esta disposición pretende evitar que las partes que no pueden, en la práctica, litigar en un tercer Estado, tampoco lo puedan hacer en un Estado miembro. Si existe un Estado miembro que presenta una conexión suficiente con dicho pleito, los tribunales de dicho Estado miembro "podrán" conocer del litigio. Esta posibilidad de atribución de la competencia judicial internacional dependerá del caso concreto, y se valorará, de forma discrecional, por parte de los órganos jurisdiccionales del estado miembro que se trate, la oportunidad de declararse competentes al efecto, sin que exista una obligatoriedad para los órganos judiciales en relación a la declaración de competencia en base al *fórum necessitatis* previsto en el artículo 7 del Reglamento 4/2009.

Cuestiones relevantes

Fórum necessitatis **y artículo 7 del Reglamento 4/2009.** Varios datos son importantes en torno a esta disposición: 1) Se trata de una regla a aplicar exclusivamente en "casos excepcionales" (Cons.19 del Reglamento 4/2009). Indica el Considerando 19 del Reglamento 4/2009, que *uno de esos casos excepcionales podría darse cuando en el Estado tercero de que se trate resulte imposible un procedimiento, por ejemplo, debido a una guerra civil, o cuando no quepa esperar razonablemente que el solicitante introduzca o conduzca un procedimiento en dicho Estado*; 2) Uno de los "vínculos suficientes" con el Estado miembro cuyos órganos jurisdiccionales van a conocer del asunto es, por ejemplo, *la nacionalidad de una de las partes* (= Considerando 19 del Reglamento 4/2009). Otro vínculo suficiente podría ser la presencia de bienes del demandado en el territorio de un Estado miembro; 3) El artículo 7 del Reglamento 4/2009 (= foro de necesidad) sólo es aplicable si ningún tribunal de ningún Estado miembro resulta competente para conocer del asunto en virtud de los artículos 3, 4, 5 y 6 del Reglamento 4/2009, lo que impide la utilización de este foro de necesidad de modo alternativo al foro subsidiario de la nacionalidad común de las partes (= artículo 6 del Reglamento 4/2009). El artículo 7 del Reglamento 4/2009 sólo debe aplicarse si ningún tribunal de ningún Estado miembro es competente con arreglo a los foros contenidos en los artículos 3, 4, 5 y también 6 del Reglamento 4/2009 (*Vid.* corrección de errores de este artículo 7 del Reglamento 4/2009 en DOUE L131 de 18 mayo 2011).

2.2. *Particularidades en la determinación de la competencia judicial internacional*

El Reglamento 4/2009 regula ciertas particularidades que podrían considerarse como problemáticas, relacionadas con la determinación de la competencia judicial internacional conforme a los foros expuestos, como puede ser la verificación de la competencia y la admisibilidad, la conexidad o la litispendencia, regulándose, igualmente, la competencia judicial para el conocimiento de la solicitud de medidas cautelares.

Cabe señalar que, en la práctica, los supuestos son en ocasiones complejos, pudiendo plantearse situaciones en las que estén presentes varios de los fueros anteriormente expuestos, así como supuestos en los que se produce, por ejemplo, la acumulación de acciones, de tal manera que pueden darse ocasiones en las que, incluso, el tribunal declare su incompetencia para conocer alguna de estas acciones acumuladas, mientras que sí que es competente para conocer la acción por la que se reclama una pensión alimenticia[141].

---

141 *Vid.*, por ejemplo, como muestra de la complejidad que, en ocasiones, se presenta en la práctica, la Sentencia del TJUE, de 5-9-2019, en el as. C-468/18, R. En ella, se aborda un supuesto en el que se interpone, ante un órgano jurisdiccional de un Estado miembro, un recurso que comprende tres pretensiones relativas, respectivamente, al divorcio de los progenitores de un menor, a la responsabilidad parental respecto de ese menor y a la obligación de alimentos hacia este. El Tribunal precisa que el artículo 3 a) y d) y el artículo 5 del Reglamento 4/2009 del Consejo, deben interpretarse en el sentido de que el órgano jurisdiccional que resuelve sobre el divorcio, y que se ha declarado incompetente para pronunciarse sobre la pretensión relativa a la responsabilidad parental es, sin embargo, competente para resolver sobre la pretensión relativa a la obligación de alimentos respecto a dicho menor, cuando es también el órgano jurisdiccional del lugar de la residencia habitual del demandado, o el órgano jurisdiccional ante el que este ha comparecido, sin impugnar su competencia.

Así las cosas, el órgano jurisdiccional de un Estado miembro al que se haya recurrido para un asunto respecto del cual no sea competente en virtud del Reglamento 4/2009 verificará su competencia, declarándose de oficio incompetente (= artículo 10 del Reglamento 4/2009).

Además, se regula la verificación de la admisibilidad por parte del órgano jurisdiccional, de tal manera que, si un demandado con residencia habitual en el territorio de un Estado distinto del Estado miembro donde se ejercitó la acción no compareciera, el órgano jurisdiccional competente suspenderá el proceso hasta que se demuestre que al demandado se le notificó el escrito de interposición de la demanda o documento equivalente con antelación suficiente para que pudiera defenderse o que se tomaron todas las diligencias posibles a tal fin (= artículo 11 del Reglamento 4/2009).

En cuanto a la litispendencia, establece el Reglamento 4/2009 que, si se formulasen demandas con el mismo objeto y causa entre las mismas partes ante órganos jurisdiccionales de Estados miembros distintos, el órgano jurisdiccional ante el que se haya formulado la segunda demanda suspenderá de oficio el proceso hasta que se declare competente el órgano jurisdiccional ante el cual se interpuso la primera. Cuando el tribunal ante el cual se interpuso la primera demanda se declare competente, el tribunal ante el que se interpuso la segunda se inhibirá en favor de aquel (= artículo 12 del Reglamento 4/2009).

Cuando demandas conexas[142] estuvieran pendientes ante órganos jurisdiccionales de Estados miembros diferentes, el órgano jurisdiccional ante el que se haya presentado la demanda posterior podrá suspender el proceso. Cuando tales demandas conexas estuvieran pendientes en primera instancia, cualquiera

---

142 Se considerarán conexas las demandas vinculadas entre sí por una relación tan estrecha que sería oportuno tramitarlas y juzgarlas al mismo tiempo a fin de evitar resoluciones que podrían ser inconciliables si los asuntos fueren juzgados separadamente.

de los órganos jurisdiccionales a los que se hayan presentado las demandas posteriores podrá de igual modo inhibirse, a instancia de una de las partes, a condición de que el órgano jurisdiccional ante el que se haya presentado la primera demanda fuere competente para conocer de las demandas de que se trate y de que su ley permita su acumulación (= artículo 13 del Reglamento 4/2009).

Por último, podrán solicitarse las medidas provisionales o cautelares previstas por la ley de un Estado miembro a los órganos jurisdiccionales de dicho Estado, incluso si, en virtud del Reglamento 4/2009, un órgano jurisdiccional de otro Estado miembro es competente para conocer sobre el fondo (= artículo 14 del Reglamento 4/2009).

3. LA DETERMINACIÓN DE LA LEY APLICABLE A LA COMPENSACIÓN ECONÓMICA POR SEPARACIÓN O DIVORCIO ENTRE CÓNYUGES

El mencionado Reglamento 4/2009 no contiene normas de determinación de la ley aplicable, sino que hace una remisión al régimen jurídico establecido en el Protocolo sobre la ley aplicable a las obligaciones alimenticias, hecho en La Haya el 23 de noviembre de 2007[143] (en lo sucesivo, el Protocolo de La Haya de 2007[144]) (= artículo 15 del Reglamento 4/2009[145]). Este texto normativo,

---

[143] Firmado y ratificado por la Unión Europea como consecuencia de la Decisión del Consejo de 30 de noviembre de 2009. *DOUE* L 93 de 7 de abril de 2011. Sobre el estado del Protocolo, *vid.* www.hcch.net.

[144] *Vid.* F. Pocar / I. Viarengo, "Il Regolamento (CE) n.4/2009 in materia di obbligazioni alimentari", en *RDIPP*, 2009, pp. 806-828.

[145] Nos encontramos con una remisión en bloque, coincidiendo con Susin Carrasco en que con ello el legislador comunitario puede llegar a "perder el control" sobre la regulación contenida en dicho Convenio internacional al fraguarse en otro organismo distinto La Conferencia de La Haya de Derecho Internacional Privado cuyos ritmos, objetivos e intereses pueden no coincidir con los propios de la UE.

que tiene alcance universal (= artículo 2 del Protocolo de La Haya de 2007), desplaza tanto las soluciones contenidas en otros Convenios de La Haya (p. ej., el Convenio de La Haya de 1973), como las legislaciones nacionales, incluso en el caso de que sea la de un Estado no contratante, por lo que desplaza la aplicación del artículo 9.7 de nuestro Código Civil.

Normativa de referencia

Artículo 9.7 CC. De norma de conflicto materialmente orientada a norma de incorporación por referencia. El artículo 9.7 CC fue redactado en 1974. El precepto era una norma materialmente orientada que precisaba la Ley aplicable a los alimentos en virtud de su contenido material. Los puntos de conexión que recogía el precepto eran: 1) Ley nacional común o de la vecindad civil común, del alimentista y del alimentante; 2) Si dicha Ley no permite al acreedor obtener alimentos, se aplicará la ley de la residencia habitual de dicho acreedor de alimentos; 3) En defecto de ambas leyes anteriores, o cuando ninguna de ellas permita la obtención de alimentos, se aplicará la ley interna de la autoridad que conoce de la reclamación. Establece el artículo 9.7 CC que en caso de cambio de la nacionalidad común o de la residencia habitual del alimentista, la nueva ley se aplicará a partir del momento del cambio.

El texto de 1974 fue derogado y sustituido por el siguiente en virtud de la Ley 26/2015, de 28 de julio, de modificación del sistema de protección a la infancia y a la adolescencia: “La ley aplicable a las obligaciones de alimentos entre parientes se determinará de acuerdo con el Protocolo de La Haya, de 23 de noviembre de 2007, sobre la ley aplicable a las obligaciones alimenticias o texto legal que lo sustituya”.

Esta norma, en relación con los conflictos de leyes interregionales, es una norma que incorpora al Derecho interregional español, por referencia, el texto del citado Protocolo de La Haya, de 23 de noviembre de 2007, sobre la ley aplicable a las obligaciones alimenticias o texto legal que lo sustituya. Ello significa que las normas de conflicto contenidas en dicho Protocolo determinan la Ley reguladora de los alimentos entre parientes se aplican en los casos de Derecho interregional. Las normas del Protocolo citado se aplican en estos supuestos no como normas contenidas en un convenio internacional, sino como normas españolas que han "copiado", por referencia, el texto de las normas del Protocolo. Por tanto, cuando el Protocolo se aplica a supuestos de Derecho interregional, los tribunales están aplicando normas de conflicto españolas con lo que ello significa desde el punto de vista sistemático, interpretativo y valorativo.

La regla general es la aplicación de la ley del lugar de residencia habitual del acreedor de la pensión compensatoria. En caso de cambio de residencia, se aplicará la ley del nuevo país de residencia desde el momento en que se produce dicho cambio (= artículo 3 del Protocolo de La Haya de 2007). Partiendo de esta regla general, se establece una norma especial relativa a los cónyuges y ex cónyuges (= artículo 5 del Protocolo de La Haya de 2007) que determina que no se aplicará la ley de residencia del acreedor si la otra parte se opone y el supuesto presenta una vinculación más estrecha con la ley de otro Estado, en particular el de la última residencia habitual común, en cuyo caso se aplicará esta última. Además, el Protocolo de La Haya de 2007 permite el juego de la autonomía de la voluntad, aunque limitado (= artículos 7 y 8 del Protocolo de La Haya de 2007). Sólo se puede elegir dentro de un elenco limitado de leyes, y queda excluida la posibilidad de elección cuando el acreedor es menor de 18 años o un adulto incapaz.

Cuestiones relevantes

La Ley de la residencia habitual del acreedor de alimentos. Varias consideraciones son necesarias: 1) Se trata de la Ley del país donde se halla el "centro social de vida" del acreedor de alimentos. Es una Ley cuyo contenido es fácilmente accesible para el acreedor de alimentos y con arreglo la cual es muy posible que esté ya habituado a operar. Por tanto, este punto de conexión refuerza la protección jurídica del acreedor de alimentos al reducir sus costes conflictuales: SAP Barcelona 8 abril 2014 (= divorcio entre cónyuges marroquíes con residencia en Cataluña), SAP Barcelona 9 abril 2014 (= padre de nacionalidad española y madre de nacionalidad india y menores residentes en Cataluña), SAP Barcelona 1 julio 2008 (JUR 2008\316064), AAP Barcelona 23 mayo 2006 (JUR 2006\272347); SAP Barcelona 29 abril 2014 (JUR 2014\134864). Es un punto de conexión cuya precisión por parte del juez resulta muy sencilla: el juez debe realizar, exclusivamente, "comprobaciones de hecho" para acreditar cuál es el país de residencia habitual del acreedor de alimentos; 3) La residencia habitual del acreedor de alimentos es el lugar donde se manifiestan las necesidades de dicho sujeto y al que será necesario referirse para establecer la existencia de la obligación de alimentos y, sobre todo, la medida y extensión en la que tales alimentos deben concederse o denegarse; 4) Será frecuente que el acreedor litigue ante los tribunales del país de su residencia habitual (artículo 3. b) del Reglamento 4/2009). Por ello, este primer punto de conexión evita la aplicación y la prueba de Derechos extranjeros, y potencia la aplicación de la *Lex Fori.* Los procesos por alimentos serán, así, más veloces (*venter non patitur dilationem*); 5) En caso de cambio de la residencia habitual del acreedor de un Estado a otro Estado, se aplicará la ley del Estado de la nueva residencia habitual desde el momento en que se produce el cambio, de modo que el PLH 2007 impide que en este cambio se pueda apreciar un *Fórum Shopping* fraudulento (artículo 3.2 PLH 2007); 5) En los casos internacionales e interregionales, cuando el Reglamento 4/2009 – Protocolo de La Haya conduce a aplicar el Derecho español, puede aplicarse la ley correspondiente al territorio donde el acreedor tiene su residencia habitual; SAP Barcelona 12 junio 2013 (= divorcio entre española y peruano).

La aplicación de la ley determinada conforme al Protocolo solo podrá rechazarse en la medida en que sus efectos fueran manifiestamente contrarios al orden público del foro (= artículo 13 del Protocolo de La Haya de 2007)[146].

Normativa de referencia

Régimen jurídico de la elección de la Ley aplicable a la obligación de alimentos. Deben tenerse en cuenta las siguientes reglas (= artículo 8 PLH 2007: a) La elección de la Ley reguladora de los alimentos puede llevarse a cabo en cualquier momento, incluso durante el proceso; b) Sólo pueden elegirse como Ley aplicable a una obligación alimenticia una de estas Leyes: 1) Ley de un Estado del cual alguna de las partes tenga la nacionalidad en el momento de la designación; 2) Ley del Estado de la residencia habitual de una de las partes en el momento de la designación; 3) Ley elegida por las partes para regir sus relaciones patrimoniales o la ley efectivamente aplicada a tales relaciones; 4) Ley elegida por las partes para regir su divorcio, separación de cuerpos o la ley efectivamente aplicada a tal divorcio o separación; c) El acuerdo de elección de la Ley aplicable debe constar por escrito o ser registrado en cualquier soporte cuyo contenido sea accesible para su ulterior consulta, y deberá ser firmado por ambas partes; d) No cabe efectuar

---

146 De esta forma, cualquiera que sea la ley aplicable a la obligación alimenticia, el artículo 13 del Protocolo de La Haya abre la posibilidad de eludirla cuando sea manifiestamente incompatible con el orden público del foro. El orden público no puede operar en ningún caso frente a una ley que no reconozca el derecho de alimentos conforme a la solución general, dado que esta contingencia se resolvería, en su caso, en virtud de la aplicación subsidiaria de las conexiones previstas en el artículo 4.
Aplicando el Convenio de La Haya de 1973, la Sentencia de la Audiencia Provincial de Barcelona (sección 18ª) de 18 de julio de 2002 recurre al criterio de "orden público" para justificar la imposibilidad de privar al hijo de alimentos por falta de acreditación de la ley aplicable, correspondiente a la residencia del acreedor. En realidad, en estos casos de falta de prueba de la ley aplicable, las disposiciones del Convenio habilitan el recurso en cascada hasta la *lex fori.* A una solución similar puede abocar las reglas de aplicación del Protocolo de La Haya.

elección de la Ley aplicable en relación con las obligaciones alimenticias a favor de una persona menor de 18 años o a un adulto que, por razón de una disminución o insuficiencia de sus facultades personales, no se encuentra en condiciones de proteger sus intereses; e) No obstante la Ley designada por las partes en virtud del artículo 8.1 PLH 2007, la ley del Estado de residencia habitual del acreedor, en el momento de la designación, determinará si el acreedor puede renunciar a su derecho a alimentos; f) A menos que en el momento de la designación las partes fueran debidamente informadas y conscientes de las consecuencias de la ley designada, esta no se aplicará cuando conlleve consecuencias manifiestamente injustas o no razonables para cualquiera de las partes. La elección de Ley aplicable a los alimentos reduce los costes conflictuales ya que puede elegirse una Ley que las partes conocen previamente y con la que están habituados a comportarse y/o litigar. Favorece igualmente, la seguridad jurídica y la previsibilidad de soluciones conflictuales.

El Protocolo de La Haya de 2007 establece, además, en aras de ajustar la cuantía de la pensión compensatoria a los diferentes niveles de vida de los Estados miembros en que vive cada una de las partes, que en la determinación de la ley aplicable conforme a las reglas establecidas en el Protocolo, siempre deberán tenerse en cuenta las necesidades del acreedor y los recursos del deudor, así como cualquier compensación concedida al acreedor en lugar de un pago periódico de alimentos, incluso cuando aquella ley no lo previese (= artículo 14 del Protocolo de La Haya de 2007).

Jurisprudencia relevante

Jurisprudencia en favor de la aplicación de la Ley de la residencia habitual del acreedor de alimentos. Es abundante la jurisprudencia española que aplica este punto de conexión: SAP Barcelona 29 julio 2015 (JUR 2015\295508) (= divorcio entre cónyuges alemanes celebrado en Colombia), SAP Barcelona 2 febrero 2015 (JR 2015\374162) (= hija con residencia en Perú), A falta de elección por las partes, el Protocolo prevé una solución de carácter general, en virtud de la cual las obligaciones alimenticias se regirán por la Ley del Estado en que el acreedor tenga su residencia habitual, salvo que el Protocolo disponga otra cosa (artículo 3.1). Junto a esta regla general, el legislador ha previsto en el párrafo 2º del artículo 3 el denominado conflicto móvil. De este modo, en caso de cambio en la residencia habitual del acreedor de los alimentos se aplicará la ley del Estado de la nueva residencia habitual a partir del momento en que se haya realizado dicho cambio.

La SAP de Toledo de 8 de febrero de 2012 (Tol 2452643), por el contrario, declaró no haber lugar a la extinción de la pensión pese a constar acreditada la convivencia *more uxorio* de la esposa con otra persona, debido a lo pactado en el convenio regulador. Y lo mismo sucede con la SAP de Zaragoza 15 de junio de 2010 (Tol 1979819), que entendió que la existencia de dos domicilios diferentes de la pareja no era causa determinante para apreciar la inexistencia de relación afectiva susceptible de extinguir la pensión compensatoria de la esposa.

Con respecto a un Estado en el que se apliquen, en unidades territoriales diferentes, dos o más sistemas jurídicos o conjuntos de normas, relativos a las materias reguladas por el propio Protocolo de La Haya de 2007, se aplican las siguientes normas: a) si en dicho Estado existen normas en vigor que determinen como aplicable a la ley de una unidad territorial, se aplicará la ley de dicha unidad; b) en ausencia de tales normas, se aplicará la ley de la unidad territorial determinada (= artículo 16 del Protocolo de La Haya de 2007).

Cuestiones relevantes

Elección de la Ley aplicable a la obligación de alimentos a los efectos de un procedimiento específico. El artículo 7 PLH 2007 precisa que el acreedor y el deudor de alimentos podrán, únicamente a los efectos de un procedimiento específico en un determinado Estado, designar expresamente la ley de dicho Estado como aplicable a una obligación alimenticia. La designación hecha antes de la iniciación del procedimiento deberá ser objeto de un acuerdo, firmado por ambas partes, por escrito o registrado en cualquier soporte cuyo contenido sea accesible para su ulterior consulta. Se trata de una disposición que favorece los acuerdos de elección de ley limitados a procedimientos específicos ya comenzados o a punto de comenzar y que solo puede emplearse para designar como aplicable la *Lex Materialis Fori* a la obligación de alimentos. Su origen es francés: *l'accord procédural* que en Derecho internacional privado francés permite a las partes designar como ley aplicable a un caso internacional inicialmente regido por un Derecho extranjero, la Ley francesa (= *Lex Fori*).

4. RECONOCIMIENTO, FUERZA EJECUTIVA Y EJECUCIÓN DE LAS RESOLUCIONES EN MATERIA DE COMPENSACIÓN ECONÓMICA POR SEPARACIÓN O DIVORCIO ENTRE CÓNYUGES.

Numerosos instrumentos internacionales se ocupan de facilitar la eficacia extraterritorial de decisiones en esta materia[147]. Aunque esta "superproducción de instrumentos internacionales"

---

[147] Los siguientes instrumentos internacionales permiten el reconocimiento y ejecución, en España, de resoluciones extranjeras en materia de alimentos: 1º) el Reglamento 4/2009; 2º) el Convenio de Bruselas de 27 septiembre 1968, en su hoy muy reducido ámbito de aplicación espacial; 3º) el Convenio de Lugano II de 30 octubre 2007, aplicable a las decisiones en materia de alimentos procedentes de Estados partes en este Convenio pero que no son Estados miembros del Reglamento 4/2009; 4º) el Convenio de La Haya de 15 abril 1958 sobre reconocimiento y ejecución de decisiones en cuestión de obligaciones alimenticias con los menores; 5º) el Convenio de La Haya de 2 octubre 1973 sobre reconocimiento y ejecución de resoluciones relativas a las obligaciones alimenticias; y 6º) distintos Convenios bilaterales firmados por

responde a la idea de favorecer al demandante de *exequátur*, que es, normalmente el acreedor de la pensión compensatoria[148], lo cierto es que, la abundancia de instrumentos internacionales en esta materia provoca la necesidad de fijar el concreto "instrumento internacional aplicable" al caso concreto[149].

España, que suelen cubrir la eficacia extraterritorial de resoluciones extranjeras dictadas en materia de alimentos.

148 Un apunte se ha de hacer con respecto a la problemática que, en ocasiones, se plantea a la hora de entablar una acción de modificación de medidas, como consecuencia de la exigencia de previo reconocimiento de la resolución que fija las medidas objeto de la solicitud de modificación, como requisito para la admisión de la demanda de modificación de medidas. En este sentido, cabe señalar que en el marco de la aplicación del *ex* Reglamento "Bruselas I", la jurisprudencia ha exigido en ocasiones, como requisito previo para admitir una demanda de modificación de medidas sobre pensión de alimentos dictadas en un procedimiento de divorcio, el previo reconocimiento, siquiera incidental o automático, de la decisión de divorcio extranjera y no solo el reconocimiento parcial de la decisión sobre alimentos. Semejante exigencia es excesiva, cuando menos por lo que se refiere al reconocimiento automático de la sentencia de divorcio, habida cuenta de la posibilidad abierta tanto en el Reglamento "Bruselas I" como en "Bruselas II" del reconocimiento parcial de una resolución sobre la obligación alimenticia, descartando asimismo el control de la ley aplicable a la relación familiar causal. Desde un punto de vista práctico, y dado el objeto del proceso, parte de la doctrina y de la jurisprudencia han defendido incluso una solución más flexible, consistente en admitir como presupuesto de la demanda de modificación de alimentos la acreditación de la decisión extranjera como un hecho, sin necesidad de proceder al reconocimiento ni de la decisión de divorcio ni del pronunciamiento sobre alimentos.

149 Resulta interesante al respecto el trabajo de Carrillo Pozo, L., "Eficacia en España de las Resoluciones Extranjeras en Materia de Efectos Económicos del Matrimonio", en *Cuadernos de Derecho Transnacional*, Vol. 4, Nº 1 (2012). Disponible en: https://e-revistas.uc3m.es/index.php/CDT/article/view/1465/605.

Teniendo en cuenta las dimensiones del presente trabajo, que impide un estudio pormenorizado de todos los instrumentos relativos a la eficacia extraterritorial de las resoluciones, se considera oportuno centrarnos en el estudio del instrumento normativo que, en España, resulta “fundamental” en materia de pensión compensatoria entre cónyuges: el Reglamento 4/2009. Se deben destacar cuatro datos:

1°) Las resoluciones en materia de obligaciones de alimentos dictadas por un Estado miembro deben ser reconocidas en otros Estados miembros sin que sea necesario procedimiento especial alguno.

2°) Si la resolución sea dictada por un Estado miembro vinculado por el Protocolo de la Haya de 2007, como regla general, no podrá impugnarse su reconocimiento. Si es ejecutoria en el Estado miembro que la ha adoptado, disfrutará de la fuerza ejecutiva en otro Estado miembro sin necesidad de una declaración. No obstante, en ciertos casos, existe la posibilidad de solicitar el reexamen de la resolución, así como el rechazo o la suspensión de su ejecución. En aquellos casos en los que la resolución es dictada por un Estado miembro no vinculado por el Protocolo de La Haya de 2007, su reconocimiento podrá revocarse en ciertos casos. Podrá ejecutarse en otro Estado miembro –si es ejecutoria en el Estado miembro que la ha dictado– siempre que obtenga del Estado miembro de ejecución una declaración que constate la fuerza ejecutiva.

3°) No podrá revisarse el fondo de la resolución dictada en un Estado miembro en el Estado miembro en el que se solicite el reconocimiento, la fuerza ejecutiva o la ejecución.

4°) Las partes de un litigio se podrán beneficiar de un acceso efectivo a la justicia en otro Estado miembro, incluido en el marco de los procedimientos de ejecución y de los recursos. En particular, los Estados miembros facilitarán, según determinadas condiciones, asistencia jurídica.

El Reglamento 4/2009 establece un doble mecanismo de reconocimiento y ejecución de las resoluciones en esta materia en función de que el Estado miembro de origen esté o no vinculado por el Protocolo de La Haya de 2007. Si está vinculado por dicho Protocolo, las resoluciones se reconocerán y ejecutarán directamente, sin necesidad de procedimiento alguno (= artículo 17.1 del Reglamento 4/2009).

En cambio, si el Estado de origen no es parte del Protocolo de La Haya de 2007 (= Reino Unido y Dinamarca), la resolución se someterá a un régimen de reconocimiento y ejecución. En este caso, se podrá denegar el reconocimiento si se dan ciertas condiciones (= artículo 24 del Reglamento 4/2009).

Cuestiones relevantes

Disposiciones comunes a todas las resoluciones extranjeras en materia de alimentos. Las disposiciones comunes a todas las resoluciones extranjeras en materia de alimentos comprenden diversas cuestiones. 1) *Fuerza ejecutiva provisional.* El órgano jurisdiccional de origen podrá otorgar fuerza ejecutiva provisional a la resolución, no obstante, la interposición de un eventual recurso, aunque el Derecho nacional no prevea la fuerza ejecutiva por ministerio de la ley (= artículo 39 del Reglamento 4/2009). 2) *Invocación de una resolución reconocida.* La parte que desee invocar en otro Estado miembro una resolución reconocida deberá presentar una copia de la resolución que reúna las condiciones necesarias para establecer su autenticidad. Si ha lugar, el órgano jurisdiccional ante el que se invoque la resolución reconocida podrá pedir a la parte que desea invocarla que presente un extracto expedido por el órgano jurisdiccional de origen utilizando el formulario cuyo modelo figura, según el caso, en el anexo I o en el anexo II del Reglamento 4/2009.

El órgano jurisdiccional de origen expedirá este extracto igualmente a instancia de cualquier parte interesada (= artículo 40 del Reglamento 4/2009). 3) *Procedimiento y condiciones de ejecución y condiciones de la ejecución.* En general, el procedimiento de ejecución de las resoluciones dictadas en otro Estado miembro se regirá por el Derecho del Estado miembro de ejecución (= artículo 41 del Reglamento 4/2009). Las resoluciones dictadas en un Estado miembro que tengan fuerza ejecutiva en el Estado miembro de ejecución serán ejecutadas en este en las mismas condiciones que si se hubieran dictado en dicho Estado miembro de ejecución. 4) *Imposibilidad de revisión en cuanto al fondo.* Las resoluciones dictadas en un Estado miembro no podrán en ningún caso ser objeto de revisión en cuanto al fondo en el Estado miembro en que se solicite el reconocimiento, la fuerza ejecutiva o la ejecución (= artículo 42 del Reglamento 4/2009).

A continuación, se profundizará en cada uno de estos supuestos:

A) Resoluciones dictadas en un Estado miembro vinculado por el Protocolo de La Haya de 2007

Estas resoluciones serán rcconocidas en los demás Estados miembros sin que sea necesario recurrir a proceso alguno y sin posibilidad alguna de impugnar su reconocimiento. Surten un reconocimiento de pleno derecho o, con otras palabras, no necesitan reconocimiento en los demás Estados miembros. Estas resoluciones se tratan como si fueran resoluciones "nacionales" (= artículo 41.1 del Reglamento 4/2009)[150]. Vinculan a las

---

[150] El objetivo de esta norma, de forma coherente con todas las disposiciones del Reglamento 4/2009, es el de lograr la máxima efectividad del derecho del acreedor de una prestación alimenticia, como se puede comprobar, por ejemplo, en base a lo dispuesto por la STJUE de 9-2-2017, en el as. C-283/16, S., precisa que las disposiciones del capítulo IV del Reglamento, y en particular su artículo 41.1, deben interpretarse en el sentido de que un acreedor de alimentos, que ha obtenido una resolución en su favor en un Estado miembro y que desea ejecutarla en otro Estado miembro, puede presentar su solicitud directamente a la autoridad competente, como un tribunal especializado, de este último Estado miembro, y no puede estar obligado a

autoridades de todos los Estados miembros y extienden su efecto de cosa juzgada a todos los Estados miembros (= artículo 17.1 del Reglamento 4/2009).

Estas resoluciones, siempre que presenten carácter ejecutivo en el Estado miembro de origen, gozarán de fuerza ejecutiva en los demás Estados miembros sin necesidad de otorgamiento de la ejecución. Es decir, no necesitan *exequátur* para poder ser ejecutadas en los demás Estados miembros. Pasan directamente a ejecución mediante solicitud de la parte interesada como si hubieran sido dictadas por una autoridad del Estado miembro requerido (= artículo 17.2 del Reglamento 4/2009). No obstante, sin perjuicio de esta regla general, existen supuestos en los que puede denegarse la "ejecución" de estas resoluciones, en base a los siguientes motivos de denegación o suspensión de la ejecución:

a) Prescripción del derecho ya sea en virtud del Derecho del Estado miembro de origen o en virtud del Derecho del Estado miembro de ejecución, si éste estableciera un plazo de prescripción más largo (= artículo 21.2 del Reglamento 4/2009).

b) Incompatibilidad de la resolución dictada por el órgano jurisdiccional de origen con una resolución dictada en el Estado miembro de ejecución o con una resolución dictada en otro Estado miembro o en otro Estado tercero que reúna las condiciones necesarias para ser reconocida

---

presentar su solicitud a tal autoridad a través de la autoridad central del Estado miembro de ejecución. Los Estados miembros han de garantizar la plena eficacia del derecho previsto en el artículo 41.1 del Reglamento 4/2009, modificando eventualmente sus normas procedimentales. En cualquier caso, incumbe al juez nacional aplicar el mencionado artículo 41.1, dejando inaplicadas en caso de necesidad las disposiciones contrarias del Derecho nacional, y, por consiguiente, permitir a un acreedor de alimentos presentar su solicitud directamente ante la autoridad competente del Estado miembro de ejecución, incluso si el Derecho nacional no lo prevé.

en el Estado miembro de ejecución (= artículo 21.2 del Reglamento 4/2009).

c) Es causa de mera suspensión de la ejecución la solicitud de reexamen de la resolución dictada por un órgano del Estado miembro de origen, interpuesta con arreglo al artículo 19 del Reglamento 4/2009, siempre que se solicite dicha suspensión por el deudor. La autoridad competente del Estado miembro de ejecución "podrá", en dicho supuesto, suspender total o parcialmente la ejecución de la resolución del órgano jurisdiccional de origen (= artículo 21.3 del Reglamento 4/2009).

d) Es causa imperativa de suspensión de la ejecución de la resolución del órgano jurisdiccional de origen, en caso de que se suspenda su fuerza ejecutiva en el Estado miembro de origen, pero siempre que ello haya sido solicitado por el deudor (= artículo 21.3 del Reglamento 4/2009).

e) Todos los motivos de denegación o suspensión de la ejecución previstos por el Derecho del Estado miembro de ejecución, pero exclusivamente en la medida en que no sean incompatibles con los anteriores motivos recogidos en el artículo 21.2 y 3 del Reglamento 4/2009.

Cuestiones relevantes

Particularidades del Convenio de La Haya de 2 octubre 1973 sobre reconocimiento y ejecución de resoluciones relativas a las obligaciones alimenticias. Varios extremos deben diferenciarse.

1) *Ámbito de aplicación.* El Convenio se aplica a las resoluciones en materia de obligaciones alimentarias dimanantes de relaciones de familia, de parentesco de matrimonio o de afinidad incluidas las obligaciones alimentarias respecto de un hijo no legítimo, dictadas por las autoridades judiciales o administrativas de un Estado contratante entre un acreedor y un deudor de alimentos, o un deudor de alimentos y una Instrucción pública que persiga el reembolso de la prestación facilitada

a un acreedor de alimentos SAP Murcia 16 enero 2008 (JUR 2008\218280).

2) *Condiciones del reconocimiento y de la ejecución de las resoluciones.* Son las siguientes: a) Se controla la competencia del tribunal de origen (= artículos 7 y 8) (Sentencia OGH 13 febrero 2007 (denegación de *exequátur* de sentencia dictada en Hungría)); b) La resolución debe ser *firme*, no susceptible de recurso ordinario en el Estado de origen, salvo que se trate de resoluciones ejecutorias provisionales y las medidas provisionales; c) puede denegarse el reconocimiento o exequátur (= artículo 5) si éstos resultan manifiestamente incompatibles con el orden público del Estado requerido, si la resolución resultase de un fraude en el procedimiento, si está pendiente un litigio entre las mismas partes y que tenga el mismo objeto ante una autoridad del Estado requerido, primera en conocer en dichos litigios, si la resolución es incompatible con una resolución dictada entre las mismas partes y sobre el mismo objeto, bien en el Estado requerido o bien en otro Estado cuando, en este último caso, tal resolución sea susceptible de reconocimiento y ejecución en el Estado requerido (Sentencia *Frostating Lagmannsrett* (Noruega) 4 mayo 2007 (denegación del reconocimiento en Noruega de una sentencia alemanda de alimentos) y si no se han respetado los derechos de defensa (= artículo 6) (Sentencia Corte Cass. Italia 18 mayo 2006 (= efectos en Italia de sentencia polaca sobre alimentos)).

3) *Procedimiento de reconocimiento y de ejecución de las resoluciones.* Se rige por la Ley del Estado requerido, a menos que el Convenio disponga lo contrario (= artículo 13). Cabe el reconocimiento o la ejecución parcial de una resolución. Los documentos a presentar son los relacionados en el artículo 17.

B) Resoluciones dictadas por un Estado miembro no vinculado por el Protocolo de La Haya de 2007

Las resoluciones dictadas en un Estado miembro no vinculado por el Protocolo de La Haya de 2007 serán reconocidas en los demás Estados miembros sin que sea necesario recurrir a procedimiento alguno (= artículo 23 del Reglamento 4/2009). No obstante, en casos de duda, cualquier parte interesada que invoque el reconocimiento de una resolución a título principal podrá solicitar que se reconozca la resolución con carácter *erga omnes* (= reconocimiento por homologación). Si el reconocimiento se invoca como cuestión incidental ante un órgano jurisdiccional de un Estado miembro, dicho órgano jurisdiccional será competente para conocer del asunto.

Por su parte, se denegará imperativamente el reconocimiento de una resolución en los siguientes supuestos:

a) Si el reconocimiento es manifiestamente contrario al orden público del Estado miembro en el que se solicita el mismo. El criterio del orden público no podrá aplicarse a las reglas relativas a la competencia judicial.

b) Por lo que respecta a las resoluciones dictadas en ausencia del demandado, si el escrito de interposición de la demanda o documento equivalente no se notificó al demandado con antelación suficiente y de manera tal que pudiera organizar su defensa, a menos que el demandado, habiendo podido recurrir la resolución, hubiera optado por no hacerlo;

c) Si la resolución es incompatible con otra dictada en el Estado miembro en el que se solicita el reconocimiento;

d) Si la resolución fuere inconciliable con una resolución dictada con anterioridad en otro Estado miembro o en un Estado tercero entre las mismas partes en un litigio que tuviere el mismo objeto y la misma causa, cuando esta última resolución reuniere las condiciones necesarias para su reconocimiento en el Estado miembro en el que se solicita el mismo. Una decisión que tenga por efecto modificar, debido a un cambio de circunstancias, una decisión anterior relativa a alimentos no se considerará como una decisión incompatible según lo establecido en el artículo 24 letras c y del Reglamento 4/2009).

Para su ejecución material, estas resoluciones precisan la obtención de un *exequátur* en el Estado requerido, que se solicitará, en todo caso, por cualquier parte interesada (= artículo 26 del Reglamento 4/2009).

Una vez obtenido, en su caso, el *exequátur*, la resolución extranjera se ejecutará en los mismos términos que se ejecutan las resoluciones nacionales en el Estado requerido (= artículo 41.1 del Reglamento 4/2009).

El Capítulo VI del Reglamento 4/2009 establece que las transacciones judiciales y los documentos públicos que tengan fuerza ejecutiva en el Estado miembro de origen serán reconocidos en los demás Estados miembros y tendrán en ellos la misma fuerza ejecutiva que las resoluciones, de conformidad con el Capítulo IV del Reglamento 4/2009.

Finalmente, es de reseñar que, en el ámbito del reconocimiento y ejecución de decisiones extranjeras, el Reglamento 4/2009 reemplaza en las relaciones entre los Estados miembros a los convenios internacionales en vigor que, no obstante, mantienen su vigencia y resultarán de aplicación frente a terceros Estados.

Jurisprudencia relevante

Sentencia de la Audiencia Provincial de Tarragona de 30 de enero de 2009, núm. 9/2009, Nº Rec. 498/2008

Sentencia del Tribunal de Justicia de la Unión Europea de fecha 18 de diciembre de 2014, asunto, ac. C-400/13 y C-408/13

Sentencia del Tribunal de Justicia de la Unión Europea de fecha 20 de marzo de 1997, asunto C-295/1995

Sentencia del Tribunal de Justicia de la Unión Europea de fecha 15 de enero de 2004, asunto C-433/01,

Sentencia del Tribunal de Justicia de la Unión Europea de fecha de 9 de febrero de 2017, asunto C-283/16

Sentencia del Tribunal de Justicia de la Unión Europea de fecha de 5 de septiembre de 2019, asunto C-468/18

Sentencia del Tribunal de Justicia de la Unión Europea de fecha de 16 de julio de 2015, asunto C-184/14

Bibliografía consultada y recomendada

AGUILAR BENÍTEZ DE LUGO, M. y GRIEDER MACHADO, H., “Matrimonios de conveniencia”, en *BIMJ,* núm. 1879, 2000.

ÁLVAREZ DE TOLEDO QUINTANA, L., “La cuestión previa de la ‘existencia de matrimonio’ en el proceso de divorcio con elemento extranjero”, en *Cuadernos de Derecho Transnacional,* núm. 2, 2013.

ARENAS GARCÍA, R., *Crisis matrimoniales internacionales. Nulidad matrimonial, separación y divorcio en el nuevo Derecho internacional privado español,* Ed. Universidad de Santiago de Compostela, Servicio de Publicaciones e Intercambio científico, 2004.

ÁLVAREZ GONZÁLEZ, S., “Estudios de Derecho de familia y de sucesiones”, en *Conflictus Legum,* 2009.

ÁLVAREZ RODRIGUEZ, A., “Matrimonios mixtos simulados: mecanismos de sanción”, en *Boletín de los Abogados de Aragón,* núm. 136.

CALVO CARAVACA, A.L y CARRASCOSA GONZÁLEZ, J. (dirs.), *Compedio de derecho interncional privado,* 6ª edición, Rapid centro color, S.L., Murcia, 2024.

CALVO CARAVACA, A.L y CARRASCOSA GONZÁLEZ, J., *Tratado de Derecho internacional privado,* 2ª edición, Tirant lo Blanch, Valencia, 2022.

CALVO CARAVACA, A.L y CARRASCOSA GONZÁLEZ, J., “Matrimonios de complacencia y Derecho internacional privado”, en *Derecho de familia ante el siglo XXI: aspectos internacionales,* Colex, Madrid, 2004.

CARRASCOSA GONZÁLEZ, J., “Matrimonios de conveniencia y nacionalidad española”, en *Revista Anales de Derecho. Universidad de Murcia,* núm. 20, 2002.

DE VERDA, J. R. y CHAPARRO MATAMOROS, P., “Derecho de Familia”, en *Derecho Civil IV,* Tirant lo Blanch, Valencia, 2013.

ESPLUGUES MOTA, C., IGLESIAS BUHIGUES, J.L. y PALAO MORENO, G., *Derecho internacional privado,* 17ª edición, Tirant lo Blanch, Valencia, 2023.

ESTEBAN DE LA ROSA, G., *Cuaderno de trabajo de Derecho internacional privado,* Colex, A Coruña, 2023.

FERNÁNDEZ ROZAS, J.C. y SÁNCHEZ LORENZO, S., *Derecho Internacional Privado,* Civitas, 9ª edición, Madrid, 2016.

GARCIMARTÍN ALFÉREZ, F.J.–*Derecho internacional privado,* 6ª edición Civitas, Madrid, 2021.

GARCÍA HERRERA, V., "Los matrimonios de conveniencia", en *Revista Actualidad Civil,* núm. 4, 2016.

GARCÍA RODRÍGUEZ, I., "Resolución del Consejo, de 4 de diciembre de 1997, sobre las medidas que deberán adoptarse en materia de lucha contra los matrimonios fraudulentos", en *REDI,* 1998.

GONZÁLEZ BEILFUS, C. y AÑOVEROS TERRADAS, B., *Introducción al Derecho internacional privado,* Atelier, Barcelona, 2023.

GRILO COMTE, I., *Ley da Nacionalidade,* 2ª ed., Petrony editores, s. l. e., 2021.

HERRANZ BALLESTERO, M., "Régimen jurídico de las crisis matrimoniales internacionales y Derecho aplicable: el Reglamento (UE) N. º 1259/2010, del Consejo de 20 de diciembre de 2010 por el que se establece una cooperación reforzada en el ámbito de la ley aplicable al divorcio y a la separación judicial", en *Revista de Derecho de la Unión Europea,* núm. 22, 2012.

IRIARTE ÁNGEL, J. L. (coord.), CASADO ABARQUERO, M. (coord.), MUÑOZ FERNÁNDEZ, A. (coord.), *Derecho internacional privado,* Aranzadi Thomson Reuters, Navarra, 18ª edición 2021.

LOPEZ-TARRUELLA MARTÍNEZ, A., *Manual de Derecho internacional privado,* 4ª edición, Editorial Club Universitario, Alicante, 2021.

OREJUDO PRIETO DE LOS MOZOS, P., *La celebración y el reconocimiento de la validez del matrimonio en Derecho internacional privado español,* Aranzadi, Navarra, 2002.

ORTEGA GIMÉNEZ, A., *Código Universitario de Derecho Internacional Privado. Tomos I y II,* Boletín Oficial del Estado, Madrid, 2023.

ORTEGA GIMÉNEZ, A. (Dir.), *Derecho internacional privado. Materiales para su estudio,* SEPIN, Madrid, 2023.

ORTEGA GIMÉNEZ, A., "Los reglamentos europeos en derecho de familia: crisis matrimoniales internacionales", en DE VERDA Y BEAMONTE, José Ramón, *GPS Familia,* Editorial Tirant lo Blanch, Valencia (España), 2023, pp. 1021-1033.

ORTEGA GIMÉNEZ, A., "Derecho a contraer matrimonio y a formar una familia como Derecho humano y el problema de los "matrimonios por conveniencia" en España", *Latin American Journal of European Studies (LACES),* v.2, Nº1, 2022, pp. 89-119.

ORTEGA GIMÉNEZ, A., "¿Es contrario a derecho que la celebración del matrimonio permita la obtención de la nacionalidad española o la residencia en España? (A propósito de la SAP de Burgos, de 22 de abril de 2022)", en *Diario La Ley,* Nº 10169, 14 de noviembre de 2022, pp. 1-10.

ORTEGA GIMÉNEZ, A., *Los "matrimonios de conveniencia" en España, Práctica doctrinal, jurisprudencial y registral*, Editorial Thomson Reuters Aranzadi, Cizur Menor (Navarra), enero 2022.

ORTEGA GIMÉNEZ, A., "¿Cómo aprovecharnos de la apariencia matrimonial? A propósito de las sentencias de la Audiencia Provincial de Madrid, de 2 de octubre de 2020; de Cádiz de 23 de noviembre; y de Barcelona de 27 de noviembre de 2020", en *Revista Aranzadi Doctrinal*, núm. 6, Editorial Aranzadi, S.A.U., Cizur Menor (Navarra), junio 2021, pp. 1-39.

ORTEGA GIMÉNEZ, A., "La compensación económica por separación o divorcio entre cónyuges en el Derecho internacional privado español", Capítulo 16, en DE VERDA Y BEAMONTE, José Ramón (Dir.), CHAPARRO MATAMOROS, Pedro y BUENO BIOT, Álvaro (Coords.), *La compensación por desequilibrio en la separación y divorcio. Tratado práctico interdisciplinar*, Editorial Tirant lo Blanch, Valencia (España), 2021, pp.533-548.

ORTEGA GIMÉNEZ, A., "Los matrimonios de conveniencia" en España. Comentario a la Sentencia de la Audiencia Provincial de Barcelona, de 16 de julio de 2020", en *Revista La Ley Digital*, núm. 15300/2020, Editorial Wolters Kluwer, Madrid, 2021.

ORTEGA GIMÉNEZ, A., "A vueltas con los "matrimonios de conveniencia" en España, comentario de las Sentencias de la Audiencia Provincial de Barcelona de 19 de noviembre de 2019 y 29 de enero de 2020", en *Diario La Ley*, núm. 9618, Wolters Kluwer, Madrid, 2020.

ORTEGA GIMÉNEZ, A., y CASTELLANOS CABEZUELO, Á. M., "Cómo identificar un "Matrimonio de Conveniencia" en España", en *Barataria, Revista Castellano – Manchega de Ciencias Sociales*, Número 25, Asociación Española de Sociología, Toledo (España), 2019, pp. 179-197.

ORTEGA GIMÉNEZ, A., "Los Matrimonios de Conveniencia en España. Comentario a la Sentencia de la Audiencia Provincial de Murcia de 21 de marzo de 2019", en *Revista de Derecho Migratorio y Extranjería*, Número 52, septiembre – diciembre de 2019, pp. 91- 112.

ORTEGA GIMÉNEZ, A., "¿Los matrimonios de complacencia en España: delito o infracción administrativa) (A propósito de la Sentencia 62/2018 de la Audiencia Provincial de Soria de 25 de junio de 2018)", en *Revista de Derecho de Familia*, Número 85,octubre- diciembre 2019.

ORTEGA GIMÉNEZ, A.., *Los matrimonios de conveniencia en España*, Editorial Sepin, Madrid, 2018.

ORTEGA GIMÉNEZ, A., "El Derecho al Matrimonio y a la Familia: el problema de los denominados "Matrimonios de conveniencia" en España", en *Revista Digital Universidad Autónoma de Tabasco, año 4*, núm. 8, Artículo Monográfico, México, 2018.

ORTEGA GIMÉNEZ, A., (Dir.) y otros, *Inmigración y cine*, Colección "Cuadernos de Inmigración y Cine del Observatorio Provincial de la Inmigración de Alicante, 2.2018", Editorial Thomson Reuters Aranzadi, Cizur Menor (Navarra), 2018.

ORTEGA GIMÉNEZ, A., "Competencia judicial internacional y la determinación de la Ley aplicable en casos de crisis matrimoniales internacionales", en *Revista Economist & Jurist*, Número 215, Difusión Jurídica, Barcelona, 17 de noviembre de 2017, pp. 32-43.

ORTEGA GIMÉNEZ, A., "El fenómeno de la inmigración y el problema de los denominados matrimonios de conveniencia en España", en *Cuadernos de Derecho Transnaciona (CDT)*, Vol. 9, Nº2, Área de Derecho Internacional Privado de la Universidad Carlos III de Madrid, Madrid (España), octubre 2017, pp. 465-481.

ORTEGA GIMÉNEZ, A., "La pensión compensatoria entre cónyuges en el derecho internacional privado español", en Revista Aranzadi de Unión Europea, nº 7, Editorial Aranzadi, S.A.U., Cizur Menor (Navarra), Julio 2017, pp. 55-66.

ORTEGA GIMÉNEZ, A., (Dir.) y HEREDIA SÁNCHEZ, L. (Coord.), *Manual práctico Orientativo de Derecho de la Nacionalidad*, Editorial Thomson Reuters Aranzadi, Cizur Menor (Navarra), 2017.

ORTEGA GIMÉNEZ, A., "El fenómeno de la inmigración y el problema de los denominados matrimonios de conveniencia en España", en *Cuadernos de Derecho Transnacional*, Vol. 9, núm. 2, Área de Derecho Internacional Privado de la Universidad Carlos III de Madrid, Madrid (España), 2017.

ORTEGA GIMÉNEZ, A., "El derecho al matrimonio y a la familia: el problema de los denominados matrimonios de conveniencia", en *Revista Perfiles de las Ciencias Sociales*, Año 4, núm. 8, Universidad Juárez Autónoma de Tabasco, Villahermosa (Tabasco), 2017.

ORTEGA GIMÉNEZ, A., "La pensión compensatoria entre cónyuges en el derecho internacional privado español", en *Revista Aranzadi* Doctrina, núm. 3/2016, Editorial Aranzadi, SA, Cizur Menor (Navarra), marzo 2016, pp. 201-212.

ORTEGA GIMÉNEZ, A., "Los "matrimonios de conveniencia" en España: indicios", en *Barataria. Revista Castellano-Manchega de Ciencias Sociales*, núm. 17, Asociación Castellano-Manchega de Sociología, Toledo (España), 2014.

ORTEGA GIMÉNEZ, A., "Crisis matrimoniales internacionales. Competencia judicial internacional y determinación de la ley aplicable en casos de nulidad matrimonial, separación judicial y divorcio", en *Revista Economist*

& Jurist, Número 182, Difusión Jurídica, Barcelona, julio-agosto 2014, pp. 52-61.

ORTEGA GIMÉNEZ, A., "España: el problema de los denominados "matrimonios de conveniencia", en *Revista Boliviana de derecho*, nº 17, Bolivia, enero 2014, pp. 74-93.

ORTEGA GIMÉNEZ, A., "Matrimonios de conveniencia: por la nacionalidad española cualquier cosa", en *Revista Economist & Jurist*, núm. 118, Difusión Jurídica, Barcelona, 2008.

ORTEGA GIMÉNEZ, A., y HEREDIA SÁNCHEZ, L. S., "El nuevo estatuto jurídico de los ciudadanos comunitarios en España", *IURIS. Actualidad y Práctica del Derecho*, núm. °116, 2007.

ORTEGA GIMÉNEZ, A., "Los matrimonios de conveniencia y el fútbol español", en López Álvarez, Antonio y Ortega Giménez, A. (Coords.), *Cuestiones jurídicas actuales sobre el fútbol español*, Editorial Bosch, Madrid, 2006.

ORTEGA GIMÉNEZ, A., "Notas sobre el Reglamento de Extranjería: Nuevo Reglamento de Extranjería. Estructura, elementos y proceso de normalización", en *IURIS. Actualidad y Práctica del Derecho*, núm. 92, La Ley, Madrid, 2005.

RODRIGUEZ BENOT, Andrés, *Manual de Derecho internacional privado*, 10ª edición, Tecnos, Madrid, 2023.

RUIZ DE HUIDOBRO DE CARLOS, J. M., *Manual de Derecho Civil. Parte general*, 2ª edición, Dykinson, Madrid, 2010.

SÁNCHEZ LORENZO, S. "La inconveniente doctrina de la DGRN acerca de los matrimonios de conveniencia", en *Derecho registral internacional. Homenaje a la memoria del Profesor Rafael Arroyo Montero*, Iprolex, Madrid, 2003.

SÁNCHEZ SÁNCHEZ, A., "Los matrimonios simulados". *Los 25 temas más frecuentes en la vida práctica del derecho de familia. Tomo II parte registral y otros temas del procedimiento*, Dykinson, Madrid, 2011.

SERRANO GÓMEZ, E., "La celebración del matrimonio ". *Grandes Tratados. Tratado de Derecho de Familia (volumen I)*. Aranzadi, Pamplona, 2015.

VALLES, E., *Nacionalidade e Estrangeiros*, 3ª ed., Almedina, Coimbra, 2022.